看见学习　看见成长

——项目化学习实施与评价

观　澜　主编

知识产权出版社
全国百佳图书出版单位
—北京—

图书在版编目（CIP）数据

看见学习 看见成长：项目化学习实施与评价 / 观澜主编 . —北京：知识产权出版社，2022.2（2022.12 重印）

ISBN 978-7-5130-7854-2

Ⅰ . ①看… Ⅱ . ①观… Ⅲ . ①活动课程—教学研究 Ⅳ . ① G423

中国版本图书馆 CIP 数据核字（2021）第 234853 号

内容提要

"项目化学习"理论是美国教育学家克伯屈提出的教育教学理论，通过将常规学习变成"做项目"学习，进而使学生成为负责任的创造者。其意义不只是改变一种学习方式或课程形态，而在于培养适应时代发展的一代新人。如何设计学生喜欢的学习项目、如何引领学生持续激情地开展活动、如何评价学生的项目学习成果，本书通过具体翔实的案例，为你解疑答惑。

本书可以作为项目化学习的教师参考用书。

责任编辑：郑涵语　　　　　　　**责任印制**：刘译文

封面设计：舒　丁

看见学习　看见成长——项目化学习实施与评价
KANJIAN XUEXI　KANJIAN CHENGZHANG —— XIANGMUHUA XUEXI SHISHI YU PINGJIA

观　澜　主编

出版发行：知识产权出版社 有限责任公司	**网　　址**：http://www.ipph.cn
电　　话：010-82004826	http://www.laichushu.com
社　　址：北京市海淀区气象路 50 号院	**邮　　编**：100081
责编电话：010-82000860 转 8569	**责编邮箱**：laichushu@cnipr.com
发行电话：010-82000860 转 8101	**发行传真**：010-82000893
印　　刷：北京建宏印刷有限公司	**经　　销**：各大网上书店、新华书店及相关专业书店
开　　本：787mm×1092mm　1/16	**印　　张**：18
版　　次：2022 年 2 月第 1 版	**印　　次**：2022 年 12 月第 2 次印刷
字　　数：248 千字	**定　　价**：89.00 元

ISBN 978-7-5130-7854-2

编委会

专家指导：汪豪浩　段立群　范双玲

主　　编：观　澜

副 主 编：张　军　时雅红　袁　芳

编　　委：常秀丽　陈　鹏　陈丽霞　陈喜顺　董　平　冯　宇

　　　　　郭　淇　郭艳丽　侯清珺　黄延颖　贾惠芬　焦　憬

　　　　　荆淑芳　李春雷　李艳艳　李玉国　刘　辉　刘　忠

　　　　　刘均雅　孟　军　孟建锋　牛保华　庞　飞　任彩凤

　　　　　石伟平　孙　鹏　孙冬梅　孙永亮　田东辉　王　珊

　　　　　王海峰　王建军　王献甫　王小蔷　王幸福　夏　霞

　　　　　徐建志　薛　莹　杨关群　易　峰　张广伟　张丽娟

　　　　　张仁杰　张伟强　赵纪军　郅广武　朱喜林

序

　　观澜及其研究团队的新作《看见学习　看见成长——项目化学习实施与评价》即将付梓，我有幸先睹为快。本书记录了郑州市金水区的教师们探索"项目化学习"（project-based learning）的历程。我为金水区数十年如一日常态化开展综合实践活动课程表示敬意！教师们通过项目化学习的设计与实施，不仅使综合实践活动课程的开展日益深入，而且为各门学科课程的改革找到了方向，我对教师们与时俱进、持续深化课程改革取得的成就表示祝贺！

　　项目化学习有着悠久的历史。从起源看，它诞生于16世纪末欧洲的一些建筑学校和艺术学院。在这些学校，教师指导学生通过设计建筑类或艺术类项目而学习，并取得成功。此后经过3个世纪的发展，到19世纪末，项目化学习成为欧美国家理工类大学的常规教学方法。直至20世纪初，在美国进步教育运动的推动下，它才正式被引入幼儿园至高中的课堂。美国教育哲学家、教育改革家克伯屈（William H. Kilpatrick）于1918年发表《项目教学法》一文，标志着项目化学习在理论和实践上的正式确立。20世纪90年代以来，伴随着信息技术的迅猛发展，构造主义（constructionism）教育理论兴起。该理论的确立者美国心理学家、教育学家、计算机科学家派珀特（Seymour Papert）认为，只有当学习者建构出一个公共实体（a public entity），即可以公开展示的产品，无论是沙滩上的一座城堡，还是一个新的宇宙理论，或其他产品，才能证明学习者有了自己的观念或思想。这个作为思想物化的产品，即项目。该学说不仅极大地推动了项目化学习理论的发展，而且也将之提升为信息时代学生学习的基本方式。正因如此，我国当前正如火如荼进行的"素养本位课程改革"，将项目化学习作为学生的主要学习方式和课程形态之一大力加以倡导。

　　每一个学生的个性是鲜活的、具体的并处于不断变化中的。学生从事怎样的学习，做出怎样的行为，将会成为怎样的人。当学生日复一日进行"应试训练"的时候，他们就会成为"做题人"；当学生从幼儿园开始就将学科知识与生活情境相结合，将学习变成"做项目"的时候，他们就可能成为负责任的创造者。因此，项目化学习的意义绝不只是改变一种学习方式或课程形态，其根本价值在于培养适应信息时代及个人和社会发展所需要的一代代"新人"——负责任的创造者。

　　本书汇集了在项目化学习实践探索中取得的重要成果，体现了鲜明特色。首先，它提出了一个基本设计框架，从项目的产生到具体实施过程和评价，形成了一个比较完整的操作模式。其次，它提供了宝贵的原创性实践案例，这为其他教师实施"项目化学习"提供了可资借鉴的实践经验。再次，它将项目与学生的生活经验紧密结合，由此使项目化学习富有教育意义。最后，它根据项目的需要，积极运用学生已经、正在或将要学习的学科知识，由此实现了生活与学科的融合，项目探究由此得以深化。

　　总之，这是一本理念先进且富有实践价值的好书。衷心祝愿观澜课题组及郑州市金水区的教师们在项目化学习的探索中取得更大成就！

　　是为序。

张　华

杭州师范大学教育科学研究院教授

教育部基础教育课程教材专家委员会执行委员

国际课程研究促进会荣誉主席

前　言

区域推进学生学习方式深度变革的实践与创新

——以项目化学习探索为例

一、国家教育背景

教育部关于教育改革、学业评价等文件相继出台，其中不乏提出加强"课题研究、项目设计、研究性学习"等跨学科的学习方式及提高学生解决问题能力等内容，为教育教学的进一步改革与深化指明了方向，加大了学习方式改革的力度。

2017年9月教育部颁布的《中小学综合实践活动课程指导纲要》指出，综合实践活动课程要从学生的真实生活和发展需要出发，从生活情境中发现问题并转化为活动主题，通过探究、服务、制作、体验等方式，培养学生综合素质的跨学科实践能力。

2019年6月中共中央、国务院印发的《中共中央　国务院关于深化教育教学改革全面提高义务教育质量的意见》提出，探索基于学科的课程综合化教学，开展研究型、项目化、合作式学习。

2019年6月国务院办公厅印发的《关于新时代推进普通高中育人方式改革的指导意见》提到，在深化课堂教学改革方面要积极探索基于情境、问题导向的互动式、启发式、探究式、体验式等课堂教学，注重加强课题研究、项目设计、研究性学习等跨学科综合性教学。在深化命题改革方面又提到，优化考试内容，突出立德树人导向，重点考查学生运用所学知识进行分析问题和解决问题的能力。创新试题形式，加强情境设计，注重联系社会生活实际，增加综合性、开放性、应用性和探究性试题。

2019年11月教育部印发的《关于加强初中学业水平考试命题工作的意见》提出，提高命题质量，试题既要考查学生的基础知识、基本技能，又要注重考查学生的思维过程、创新意识和分析问题、解决问题的能力。结合不同学科特点，合理设置试题结构，提高探究性、开放性、综合性试题比例，积极探索跨学科命题，提升试题情景设计水平。目前，在中招考试中各个学科已经出现学科融合的试题，以指向学生各科知识与学科素养的融会贯通及解决问题、分析问题、提出观点等能力。

2021年3月，教育部、中组部、中央编办、国家发改委、财政部、人社部等部门联合印发的《义务教育质量评价指南》提出，学生发展质量评价要围绕学生品德发展、学业发展、身心发展、审美素养、劳动与社会实践五个方面，以培养适应终身发展和社会发展需要的正确价值观、必备品格和关键能力。其中，针对学生创新精神不足的问题，提出"有好奇心、想象力和求知欲，有信息收集整合、综合分析运用能力，有自主探究、独立思考、发现问题、解决问题的意识与能力"的考查要点。

《中学教师专业标准》在学科知识方面要求教师了解所教学科与其他学科的联系，了解所教学科与社会实践及共青团、少先队活动的联系等跨学科、跨领域知识。

可见，"研究型""项目化""跨学科"成为课程改革的方向，注重跨学科融合学习是教学方式改革、教育质量改革、评价质量改革、高中与中招命题改革的核心理念，旨在指向学习方式的进一步变革，从被动走向主动，从机械式、死记硬背走向合作探究，从书本知识走向真实情景的实践，注重发现问题与解决问题能力、分析与提炼观点等综合能力的培养，体现研究型、项目化学习的核心及关键能力、良好品格的养成。这些能力的发展、核心素养的落地、必备品格的形成，并非一蹴而就，也非单一学科就能全部达成。学生需要一个支撑点，而这个支撑点就是普及开展研究型、项目化的学习活动，实现综合育人、课程育人、实践育人、活动育人、合作育人的目标，为培养新时代勇于担当、实践创新的复合型人才打下基础。

二、金水区课程改革概况

金水区作为国家课程改革首批实验区之一，自 2001 年开始实施综合实践活动课程，至今已有 20 年的历程。这 20 年里，我们构建了五个"五年计划"，持续深入引领课程改革，走出了一条综合实践课程建设的"金水之路"。

第一个"五年计划"，实现了从"无"到"有"。金水区从 2001 年开始，倡导学校以活动为主，自主开发活动主题，探究综合实践活动课程的实践步骤，形成优秀的活动案例，打造学校特色文化，实现了课程从零星探索到常态实施。其间，出版了综合实践活动教师学习参考用书《亲历实践——经典案例集萃》，为教师的理念变革提供了可借鉴的实践经验。

第二个"五年计划"，实现了从"有"到"深"。2006 年，金水区已经积累了较为丰富成熟的活动实施经验，在此基础上，继续推动课程改革的深入发展。一是颁布了《金水区综合实践活动课程实施规范指南》（以下简称《指南》）。《指南》指导各校规范落实、常态实施，细化各年级段实施目标，探索课型模式、评价指标；二是师资队伍建设从兼职转向专职；三是进一步助推了学校稳步发展和区域常态有效实施的经验。其间，汇编了《聆听花开的声音——活动设计篇》，五篇优秀案例入编《综合实践活动案例》一书，将金水区课程常态实施的模式加以推广。

第三个"五年计划"，实现了从"深"到"优"。2011—2015 年，金水区颁布了《进一步加强综合实践活动课程实施指导意见》，深化与探索学校规划、课型探究、课程管理与课程评价等。其间，金水区将积累的实践经验进行提炼，编制了《3~9 年级学生综合实践活动能力发展标准》（被河南省教研室采用、印发），按螺旋上升原则，确定了学生 12 项能力发展指标，将课程深入有效地实施引领到课程品质优质发展阶段，实现了课程向下深潜，向上张扬，并发表了《提升课程实施质量 服务学生能力发展》《研究课型特质 提升综合实践活动课程实施品质》等文章。

第四个"五年计划"，实现了从"优"到"新"。金水区自 2013 年开始，开展每年一届的暑假"研究性学习"活动，目前已经举办到第八届（早于郑州市一届）。金水区倡导 3~9 年级学生在暑假期间带着问题，组成小组，在家长和教师的指导下，通过调查、采访、实地考察、实验、统计、研学、宣传、设计等研究方法，收集丰富的、科学的资料，进行总结与反思，提炼观点与收获，撰写丰富充实的研究报告，将研究成果在学校、社区进行推广。此活动在学校、教师、家长乃至社会上产生了一定的影响。2018 年，来自不同行业的区人大代表对金水区综合实践活动课程开展情况进行实地调研，在反馈意见中充分肯定了金水区综合实践活动课程实施的有效性及带给学生长远发展的意义。其间，经验性文章《区域推进综合实践活动课程的有效作为》发表在《基础教育课程》杂志上。

第五个"五年计划"，实现了从"新"到"融"。将劳动教育课程与综合实践活动课程在实施内容、实施策略、评价、基地建设、资源开发等方面进行整合和融合，打造出新的课程"融合"模式，实现共生，迭代发展。其间，出版了《跨学科课程的 20 个创意设计》一书，引领学校构建跨学科的创意设计模型，实现了从能力生根到创意设计的目标；出版"梧桐树丛书"——《不一样的课堂》《综合实践活动课程 60 问》《劳动教育课程实施与评价》等书；在《基础教育课程》杂志上发表了《新时代劳动教育需要观念的更新与行动的创新》等区域经验性文章。

2017 年国家出台《中小学综合实践活动课程指导纲要》，重点阐述了考察探究、职业体验、社区服务、设计制作四种活动方式。通过多年的综合实践活动常态化实施，我们发现某些主题涉及多种活动方式，需要融合规划与实践。

在取得经验的同时，我们也遇到了发展瓶颈。例如，随着社会发展，活动主题不够新颖，学生的研究活动缺少一个"脚手架"，不够深入有效，学生的研究成果不能"可视化"等。针对这些弊端，金水区从2017年开始推进项目化学习，倡导学校结合学科开展微项目学习，注重打破单一学科的学习，关注学生学的"过程"，同时兼顾成果或作品的完成。各校基于前期研究性学习开展的经验，将相关活动主题结合学科拓展性活动进行深化，以项目的形式实施，形成经验，建构学校实施模式，提炼学校顶层设计，解决在研究性学习过程中遇到的发展瓶颈，促进学生开展深度的项目化学习模式。

三、项目化学习的实践与思考

（一）项目化学习的开发与探索

项目化学习实施步骤包括驱动型问题、制订方案、解决问题、评价反思，但它更加注重的是小组合作对产品的再设计与完善，不断实践与修改，最终形成比较完美的作品。这样的学习成果看得见，评价也更加可视化。其过程具有激发学生的问题欲望、关注人的综合发展、注重真实问题的解决与分析、融会贯通各学科的知识与技能、培养学生的创新与实践能力、树立正确的人生价值观等功能，具有综合性、融合性、探究性、实践性、开放性、生成性等特征，价值彰显，意义深远。

在这几年的推进与实践中，金水区以多种策略开展项目化学习，进一步变革课堂教学、课程育人方式，让学生的学习真实有深度地发生。

1.开发学科专题项目，丰富项目领域

克伯屈于1918年发表了《项目教学法》一文，他被誉为"项目教学法先生"。他提出以改革传统的教育为目的，立足实践需求，对项目进行分类，项目有物质形态项目、审美体验项目、问题性项目、知识技能项目。这些项目类型之间穿插、渗透并互相作用。只有将各种类型进行结合的学习与实践，才是理想的学习。因此，金水区打破单一的项目类型的实践，让学科教师根据项目主题进行有机结合，让学生更充分地不拘形式、主动探究和创造，并提升道德品格。至此，在各个学科产生了具有代表性的项目学习成果。

（1）结合数学开展空间领域项目学习。数学学科主题贴近学生生活，以解决生活问题并应用于生活。小学教材中的《整理房间》《空间》《三角形》等课文与学生的生活息息相关，将其知识与生活创造相结合，可研发学生感兴趣的项目。文化路第一小学结合《空间》开发生活类微项目"设计阅读室"，让学生经历知识应用和设计制作的实践过程，最终完成一间自己心中的"阅读室"。

（2）结合美术开展非遗项目学习。中小学美术教材中涉及《剪纸》《刺绣》《拓画》等非遗课文，美术学科注重的是技能和创造，项目化学习注重从问题出发，进行探究，获得知识，形成产品或物品。金水区建立"非遗联盟校"，开展"非遗项目式成果推进会"，将美术学科的造型艺术与非遗文化、项目化学习步骤相融合，引导美术教师具有开发项目化学习的理念和方法，为学生提供更为宽阔的实践平台。金水区丰庆路小学建立了"非遗研习馆"，该馆与河南省非遗中心协作开发与实施"面塑""女书""宋代点茶""香包""麦秸画"等非遗课程，以项目化学习方式进行常态实施。金水区艺术小学、郑州市第47中学开展"刺绣"项目，制作出不同的刺绣作品，可供人们欣赏与使用。

（3）结合生物开展生活项目学习。生物教材里有《种子的萌发》，课后阅读有《标本员》等，它们贴近学生生活，可锻炼学生实践能力。郑州市第7中学教师在生物教研员的指导下，结合主题将所学知识应用到生活中，制作灌木标本，让学生体验采集、科学制作，最后装框成为艺术品或商品，在学校进行展示与出售；郑州第77中学教师延伸教材内容开发了"添加剂对绿豆芽的影响"项目，让学生亲自试验与观察无根素和 AB 水两种添加剂对绿豆芽生长的影响，辨别无毒绿豆芽，将成果进行推广。

（4）结合音乐开展文化项目学习。音乐学科涉及京剧、豫剧知识和曲目，文化路第二小学组建了豫剧社团，让学生了解豫剧文化，学唱豫剧，该社团演出的豫剧成为学校的音乐课程品牌。后期，学校结合项目化学习，让学生动手制作豫剧脸谱，它们既能作为欣赏品，又能作为演出的道具。郑州冠军中学音乐教师在历史学科教师的协助下，结合"京剧"曲目特点，开发了"京剧脸谱"项目化学习，学生不仅深刻地了解了相关知识，还借助创作的作品宣传京剧文化。

（5）深化项目式劳动教育。目前很多学校的劳动教育仍停留在田园劳作、日常家务劳动、学校大扫除、社区服务等单一的技能层面，对学生劳动素养的培育比较单一，很难让学生保持持久的兴趣和热情。金水区在 2020 年年初提出"以项目化学习方式开展不一样的劳动教育"理念，让学生带着好奇与问题，在家长的协助下，一起研究与开展"蒸馒头""做一道豫菜""整理衣物"等不同主题的小项目学习，亲身实践、克服困难、完成任务、自我评价。

除此之外，郑州龙门实验学校结合语文学科开发了"风筝"、金水区第二实验小学开发了"灯笼"；纬五路第一小学、经三路小学结合"身心健康"主题开发"中医药"项目，带领学生了解中医文化，制作中药香包送亲人朋友；金水区农科路小学将综合实践活动主题与体育运动项目相结合，开展"沙包"项目学习，不仅经历选材、剪、缝等动手动脑实践，还能让踢沙包成为一种运动方式，锻炼身体，增加乐趣。这些都成为学校的特色项目课程。

（二）构建关键实施要素，促进学习高质量发展

克伯屈将目的、情感、社会三个因素融为一体形成其独特的项目理论，他认为必须满足以下条件方可称为项目：第一，拥有明确而有力的目的；第二，目的一以贯之，渗透且主宰着活动的每一个过程和步骤，使活动具有整体性；第三，活动过程始终洋溢着热情、激情与赤诚；第四，活动处于社会环境之中。基于此理念，金水区在开发与实践项目化学习中，根据区域改革积淀的经验，结合师情和学生，进行本土化开发与实践，建立项目化学习必备的

指导思想和关键实践要素，以有效落实项目化学习的深度开展，实现项目化学习的独特价值。金水区经过凝练，提出以下实践要素：

1. 以任务驱动为导向，持续激发学生探究的欲望

建构主义学习理论注重创设真实的问题情景，人本主义学习理论创始人罗杰斯（Rogers）也同样认为，要想学生全身心投入学习活动，就必须让学生面临他们个人有意义的或者有关的问题，支持学生进行有意义的学习。因此，让学生基于真实的情景"带着问题串去探究"，会抓住学生的好奇心，驱动他们自主实践、自我发展、自我重视，具有一定的挑战性和意义。在设计任务驱动环节时，需要教师把握以下几个原则：第一，驱动任务要体现"以小见大"，让学生感到能胜任，目标容易达成。其实，"小"中蕴含着丰富的目标，需要经历更多的体验才能完成，这也是所谓的"精妙之处"；第二，驱动问题由学生自主产生，而不是教师强加的，但教师可以根据问题帮助学生进行归纳、筛选，确定有价值的、学生能够实现的任务；第三，培养学生以思维导图的形式，逐级分解项目任务，让学生明晰任务，细化目标，为后期制订详细的计划和实施步骤做准备。

2. 像科学家一样思考，体悟知识在应用中的价值

珀金斯（Perkins）提出"为未知而教，为未来而学"，注重学生的成长而带来的未来发展问题，让学生像科学家一样进行思考，经历专业的知识、严谨的态度、科学的实践、多角度的思考，储备专业的知识，发展高阶思维。项目化学习的步骤和意义，与之相吻合。金水区文化路第一小学开展的"我的自画像"项目，主题来自语文教材的作文题目；学校项目团队结合美术学科的《自画像》和数学学科的数字与扑克牌游戏，由数学教师指导学生研究扑克牌张数、排列、正反图案；语文教师指导学生组建小组，建立小组文化，包括口号、队徽等；经过美术教师对正面自画像的画法、反映小组文化的扑克牌及边框设计等多次的专业指导，学生制作出一张自己满意的自画像扑克牌；全班集中在一起就是一副充满团队文化的

扑克牌。学生在这个过程中，像科学家一样进行专业知识与技能的探究，像科学家一样进行严谨的思考与创造，并体悟到学科知识带给他们成长的乐趣，让知识变得有价值。

3. 让研究辐射到多学科，积累解决问题的新经验

任何一种事物都不是单一元素存在的。因此，在挑战一个项目时，任务驱动是多元的，解决的途径也是多样的。金水区银河路小学结合小学数学《三角形》开发了学习项目"桥"，要求学生自取材质，根据三角形的稳定性，制作一个可以承重的模型桥，以承载最重为赢。学生需要通过收集资料、实地考察、调查访问等科学的研究方法，弄清桥有哪些形状、桥的构建原理、如何建一座模型桥等，并运用数学三角形稳定性、承重及美术的绘画、制作等知识，才能最终完成这个项目。学生的研究是有序列的、有计划的、完整的，需要从教室走向社会环境。整个过程，学生不仅需要用到已有的经验去解决问题，还要在面临新的领域、新的问题时不断产生新的思维模式，进行新的尝试。这就是创造。

4. 将想法变为现实，做到生活与实践的真融合

项目，从字面上看就是有意识、有目的的研究、设计和创造。项目学习最终需要创建一个产品，这个产品的诞生是用来解决真实问题的，这是研究性学习没有的要素。产品需要科学的依据、科学的原理、科学的设计、科学的打造等综合因素才能被创造或者发明。如郑州群英中学的学生在物理教师的带领下发明了一台风力发电机，使用在学校的阳光农场上，解决了大气污染和环保发电的问题。学生需要通过物理学科的电力与风力、数学学科的计算与画图、照明的灯光排列、模型的裁割、材质的选择等方面的统筹考虑与组建，才能发明创造出一台风力发电机，然后进行使用，验证其可行性，如果不能达到预期目标，则需要重新改进。学生在不断尝试、失败、再改进、再验证、再总结经验与发现问题中，让智慧真正发生，让实践的价值真正体现在真实的生活情景中，解决的是真问题。

5. 重活动反思与总结，实现人文与精神共同发展

项目化学习和研究性学习都提倡小组合作，培养学生的合作意识，互帮互助，共同解决问题。这种学习方式打破了二元论，促进了学生作为人的全面发展。因此，开启一项项目之前，要从合作意识、探究过程、汇报展示、成果推广等方面制订活动评价量规，让评价先行，指导与引领学生的活动，让其明白"做什么""怎么做""做成什么样""做得如何"。评价贯穿学生的活动前、活动中、活动后，并进行及时的反思、调整、总结、改进，在提高学生活动质量的同时，其精神世界也不断得到充盈。或许会失败，但失败并不可怕，重要的是使其知道失败的原因，提高融汇各科知识技能的能力，体验合作的乐趣，培养持之以恒的精神等，将积淀的人文素养与精神广泛迁移并持续影响他们终生。

（三）项目化学习成果的推广

项目成果的交流和推广，是对活动的进一步总结与反思，是学生情感进一步深化的环节，也是思维不断内化的过程，更能激发学生的自信心与成就感，感悟团队的力量、知识与实践的价值。金水区通过"五结合"助力学习项目成果的分享、项目化学习的价值推广，即静态与动态相结合、常态与自主相结合、区域内与区域外相结合、一校与多校相结合、网络与社会相结合。第一，区级层面开展每年一次的"研究性学习评比活动"，学生的项目成果可以进行申报，区组建专家团队进行评比，评出优秀成果和先进小组，进行表彰；第二，在历年的郑州市研究性学习成果评比中，金水区获奖数目均居首位，学生成果多次在市级校本教研推进会上展示，借力市级教育交流会推广区域改革的学习成果；第三，基于校级层面，金水区倡导学校开展每学期一次的成果汇报或者发布会，借力"五月文化周""期末过程性评价"等活动，为学生的学习成果提供交流展示的平台，让研究小组在分享的过程中进一步得到认可和启发，起到互促互进的作用；第四，给予学校师生成果发布与展示的自主平台，可邀请专家团队指导项目化学习开发与实施的自主权，发展学校特色和办学活力，如文化路第一小学与北京师范大学进行合作共同开发与实践的项目化学习，邀请专家、教研部门、家长代表举办发布会，同时也在全国的项目化学习交流会上进行经验分享；第五，研究性学习及项目化学习方式带给学生的成长已经深入家长心中，在家长的主动协助下，研究小组人员来自不同的学校、不同年级，这样的小组组成更能锻炼学生的沟通协作能力，更能体现个体文化、智慧的重组，这种跨校研究方式成为金水区的又一个亮点和辐射点。2019年，农科路小学、纬五路第一小学、优胜路小学三校学生的研究成果"机动车对空气质量的影响"在第六届教育博览会上进行展示，获得赞许；第六，积极参加国家级教育会议，将区域成果进行交流和推广。金水区曾在第五届创新年会、第六届教育博览会、全国特色学校研讨会上交流课程改革的经验，纬三路小学、文化路第一小学改变学生学习方式的实践经验在第六届教育博览会上进行交流；第七，建立网络宣传平台，推广学生学习过程和成果，影响更多的社会力量，让他们了解当前教育的改革方向、学生学习方式的转变及国家未来要培养什么样的人，以辐射多方社会力量协同教育共同发展。

四、课程保障

只有加强课程实施保障，才能助力课程良性发展。金水区从以下几个方面创新机制保障。

（一）加强师资队伍保障

金水区目前80.6%的学校有专职综合实践活动教师，项目化学习大多也由这些教师担任。为了教师的专业发展，金水区从2009年开始，教师可以申报综合实践活动这一类别职称。这一措施不仅解决了教师业务发展的问题，还壮大稳定了师资队伍，培养了不少骨干教师和一批走向领导岗位的教师。

（二）建构"行之实"教研文化

为了持续发展教师的业务能力，明确教师专业成长方向，金水区有效建构"行之实"教研文化。第一，金水区制定了《综合实践活动教师关键能力发展指标》，为教师的专业发展能力提供了参考依据；第二，开展每月至少一次的"行之实"教研活动，以主题教研为主帮助教师解决实践问题，建立跨界、跨学科模式，让不同区的学校及各学科教师共同参与交流，开阔教师视野，互促互进；第三，建立基地校课题合作项目，倡导教研员基于课程实践中的问题吸纳基地校进行共同研究，落地学校实践，共同总结经验和推广成果；第四，建立项目联盟校，如建立非遗项目联盟校、研学课程联盟校、劳动教育联盟校等，提升课程品质。

（三）构建师生交流平台

金水区注重以评促发展，整体提升师生的综合能力。第一，建立教师交流平台，将综合实践活动纳入区级"希望杯、金硕杯课堂教学展评"品牌活动，为教师提供了成长与交流舞台，加强和突出了课程的重要地位；第二，将过程性与终结性评价相结合，改革评价方式，"赋权下放"，指导学校注重学生"学"的过程，给予多元的综合性评价，促进学生整体发展；第三，给予学校师生成果发布与展示平台，邀请专家团队指导项目化学习开发与实施自主权，发展学校特色和提高办学活力。

（四）强化政府督导保障

金水区将综合实践活动课程纳入三年规划、视导、调研中，通过资料查阅、听课、访谈等形式深入对课程了解与诊断，督促课程常态有效地落实与实施，保障学生能在研究性学习、项目化学习、研学等活动中得到实践与创新能力的发展。同时，金水区以"三层立体化"的管理模式将项目化学习落地，第一层面，持续在综合实践活动课上推进；第二层面，利用社团课或课后延时课进行尝试；第三层面，在各学科课堂上进行实践，以解决师资不足和课时无法统筹的问题，实现逐渐普及开设。

郑州市金水区在课程改革的路上行走了二十年之久，综合实践活动、项目化学习、研学、劳动教育等成为一道亮丽的风景。

在"双减"政策、教材改革、高考改革的背景下，金水区将继续传承经验、发展与创新，为学生的成长做出新贡献。

观澜（关春霞）

河南省郑州市金水区教育发展研究中心

◀ 2007年学生在河南博物院进行研究，
得到教育部前副部长陈小娅的赞许

原郑州市教育局局长王中立与文化路
第一小学项目辅导教师进行交流 ▶

◀ 郑州市教育局王海花、金水区教育局高招办
曹鹏举主任观摩学生的研究成果

郑州市金水区人大代表视察我区综合实践活
动课程开设情况（左一为金水区教育局局长
李正、右二为燕建华、右一为金水区教育发
展研究中心综合实践活动教研员观澜）▶

◀郑州市基础教育研究室综合实践活动教研员曹淑玲老师指导文化绿城小学项目实践常态课

郑州市金水区文化路第一小学一年级学生进行项目学习的汇报展示 ▶

◀郑州市金水区教育发展研究中心段立群主任在第五届全国教育博览会教研员论坛上进行经验分享

郑州市金水区文化路第一小学侯清珺校长在第五届全国教育博览会上进行经验分享 ▶

◀ 郑州市金水区教育发展研究中心综合实践
活动教研员观澜到学校进行培训

郑州市金水区优胜路小学、农科路小学、纬
五路第一小学的学生及家长在第五届全国教
育博览会上进行研究成果展示 ▶

◀ 郑州市金水区黄河路第二小学学生在
2015 年郑州市校本教研推进会上进行研
究成果展示

郑州市金水区纬五路
第一小学研究小组走
进中草药基地进行实
地考察与研究 ▶

目 录

第三篇　文化认同与创新

第四篇　感悟生命

第一篇

对环境、健康、未来可持续的责任

自然就是教育环境，自然即课程。卢梭说，教育是随着生命的开始而开始的，孩子在生下来的时候就已经是大自然的学生了。孩子们认识的山川河流、花草树木、一物一体都是激发他们探究欲望的星星之火。孩子们可以对万物存在好奇，这不仅可以使他们获得新的知识，更能触碰他们健康的心灵，使他们产生对社会、对未来的美好规划和责任感。

郑州市机动车限行
对空气质量影响的研究

一、项目是怎么产生的

自从进入冬季以后，郑州的天空好像蒙上了一层灰纱，"雾霾"一词开始进入学生们心中。于是学生们产生了"天空中的霾和限行究竟有什么关系""限行真的能改变空气质量吗"的想法。

二、项目是什么

通过调查研究，解答限行是否能改善空气质量，并制作思维导图，如图 1 所示。

图 1　机动车尾气研究思维导图

三、项目做什么

（一）项目目标

（1）通过问卷调查和参观访问，了解限行政策和空气污染的相关知识。

（2）收集空气污染数据，分析数据，得出结论。

（3）提出合理的建议。

（二）困难与挑战

（1）如何采集空气质量数据，采用何种方法分析数据。

（2）成果的推广。

（三）涉及学科知识

涉及学科知识思维导图，如图 2 所示。

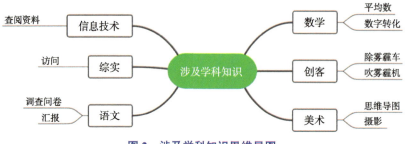

图 2　涉及学科知识思维导图

四、项目怎么做

（一）谁来做

对此项目感兴趣的同学自由结合组成研究小组，并在小组会议上制订切实可行的研究计划和实施方案。

（二）怎么做

为了深入了解郑州市车辆限行状况及人们对空气质量的关注度，教师指导研究小组通过网络查询、问卷调查、参观访问等形式开展了丰富多彩的调查研究活动。

1. 问卷调查

教师指导研究小组制订调查问卷，在小区、食堂、街道等人流量大的地方采用随机抽样的方法进行问卷调查。同时采用典型抽样的办法抽取优胜路小学二（七）班、农科路小学二（二）班、纬五路一小三（五）班全体同学进行问卷调查，并进行分析整理。

2. 参观访问

利用家长资源带领研究小组实地走访华北水利水电大学气象实验室、郑州大学第一附属医院呼吸科、郑州市气象科普馆，对空气污染有了进一步的了解。小组成员知道了空气污染物有哪些，是如何测量的，知道了空气污染对肺部的危害，还知道了气象条件是影响空气污染非常重要的因素。

3. 数据来源及分析

从中国空气质量在线监测分析平台下载 2016 年 7 月至 2019 年 6 月每天的郑州市空气质量数据，求出 2016 年 7 月至 2019 年 6 月月平均空气质量数据，并制作变化趋势折线图，观察月平均 AQI（空气质量指数）的变化，寻找其中的规律。

4. 单一污染物趋势研究

研究小组从 AQI 这个综合指数并没有找到想要的结果。于是教师指导小组成员转换思路，看看具体的污染物指标限行前后有没有什么变化。他们对于污染物 PM2.5、PM10、SO_2、CO、NO_2、O_3 等进行单独分析，比较限行前后这些污染物指标的变化。经分析，2017 年 12 月限行之后，CO、SO_2、NO_2 浓度要明显低于限行之前，表明限行对空气质量有明显的改善作用。虽然 PM2.5、PM10、O_3 大部分月份降低，但是个别月份反而比 2017 年升高，考虑应与当月的气象条件有关。

5. 走进工地和饭店

除了机动车尾气，还有哪些因素会影响城市空气质量呢？通过查询，研究小组了解到，还有扬尘、工业废气、餐饮油烟等。对于郑州市来说，工业废气的治理已经明显完善，目前主要是对扬尘、餐饮油烟的治理。为此，研究小组又进行了深入调查，跟随执法队的工作人员调查了华豫川饭店后厨油烟净化装置，并且对目前郑州市的相关政策进行了解，发现这方面郑州市的治理对策还是较为全面的。

6.奇思妙想

上述的调查研究，也激发了小组成员的灵感，并想出一些好主意，希望能对环境保护起到一些作用。

奇思妙想一：听说郑州市每天用于洒水车的花费非常高，如果在路边绿化带、路灯上安装自动化洒水装置，让绿化带、路灯都可以自动洒水，这样不是省水又省钱吗？

奇思妙想二：机动车尾气排放危害那么大，如果能直接制造出不排尾气的车，问题不就解决了吗？如装高效净化装置或者直接排出干净的水。

奇思妙想三：建立超级巨无霸鼓风机，吹走雾霾。或者发明一种特殊的镜子，在潮湿的雾霾天，增强太阳光的照射，加速雾霾里有害物质的分解。

五、项目做得怎么样

（一）研究结论

（1）通过不断的实验分析、数据比对、调查访问，师生共同得出结论。

限行后单项污染物 CO、SO_2、NO_2 浓度要明显低于限行之前，说明机动车限行对空气质量改善有促进作用。

（2）经过调查，研究小组发现对空气质量的影响是多方面的，仅仅限行是不够的。限行可以改善某几种空气质量指标，尤其是对 NO_2 影响最大，但 AQI 的高低最终取决于许多因素。保护环境、提高空气质量不是只有限行就可以了，需要全社会的参与和努力。

（3）不仅如此，厨房的油烟、露天烧烤、工地扬尘、工厂烟囱排放等都对空气造成了污染。研究小组呼吁大家从自己做起，少吃炒、炸的菜品。希望工程师叔叔阿姨们早日研究出不污染环境的建筑材料，烟囱中再也不排出黑黑的烟雾。

（二）成果交流

该项目在 2019 年"第五届全国教博会"上进行了展示，在 2020 年郑州市校本教研会上进行了现场展示交流。项目团队自信地面向来自全国各地的教师们进行成果展示。小组成员分工合作，通过网络查询、问卷调查、参观访问等方式对郑州市车辆限行状况和空气污染有了初步的了解；随后进行数据查询下载，整理分析，之后得出结论；最后深入讨论，获得奇思妙想。同学们严谨的科学思维、认真的调查态度、奇妙的想象力、条理清晰的表达得到了参会教师们的一致称赞。

（三）成果获奖

"郑州市机动车限行对空气质量的影响研究"荣获了河南省科技创新大赛一等奖、郑州市研究性学习一等奖、金水区"能力生根"研究性学习一等奖。

六、项目评价与反思

（一）项目评价

"郑州市机动车限行对空气质量的影响研究"评价量规

亲爱的同学：

恭喜您已经完成了本项目的研究。请您依照表格中的内容，进行认真评价。

郑州市机动车限行对空气质量的影响研究评价表

项目	★	★★	★★★
小组分工合作	无分工，任务由较少组员完成	有基本的分工，但合作有时不顺畅，出现问题不能全部有效解决	有分工，每个人都有明确的任务，合作愉快，对出现的问题能积极主动地进行解决，效果好
研究流程图	无流程图	有简单的流程图，能够让人看懂	有较详细的流程图，图中标识清楚
研究科学性	研究过程不够科学，逻辑性、严谨性差	研究过程比较科学，有一定的逻辑性、严谨性	研究过程方法多样，多角度分析，科学严谨，逻辑缜密
汇报展示	一人汇报，内容不丰富	汇报形式单一，表述较清晰，表达能力较强，观点正确，内容较丰富	所有组员共同汇报，能详细说明过程，表达能力强，有科学论证过程，重点突出，汇报形式吸引人，有启发性
备注	合格	良好	优秀

（二）项目反思

在这个项目中，小朋友和教师、家长一起开展了学习、研究。我们都有不同的感受，具体如下：

张曦月同学说：通过研究机动车限行对空气质量的影响这一项目，我们掌握了科学的思维方式，从科学的视角发现问题，解决问题。既满足了自己的好奇心、探索欲，又学会了用科学的思维来解决实际问题。

齐鹏宇同学说：我们发现空气质量是多种因素作用的结果，仅靠机动车限行是不够的，还要优化影响环境的各个因素，因此空气质量的改善任重而道远。

李国铭同学说：研究了这个项目，我觉得科学研究并不是那么遥远和高深莫测了，身边有很多很多看似平常的事情，只要我们保持好奇心、探索欲，用科学的思维方式去思考，就能发现问题、解决问题。

张曦月的妈妈说：孩子们通过实地考察、深入调研，学会了通过实践带着探索的观念去观察并发现生活中所蕴藏的科技内涵，灵活运用书本上所学的知识，学会深入地分析生活中的事物和现象，为学习打下坚实的基础，相信孩子们未来可期！

刘明华班主任说：小学不仅是学生接受教育的开端，也是培养学生创新能力与学习能力的重要阶段。通过该项目的实践探索、深层学习，提升了小学生的学习力、理解力、实践能力、合作力、创新力和领导力。

魏一老师说：该项目是基于真实世界的探索，老师们指导学生面向深层学习、深层知识和深层理解，引导学生积极构建情景学习、社会交互、认知工具等。该项目不仅是孩子们搞"研究"的成功案例，也是老师们推进素质教育，深化教育改革的成功案例。

七、参考文献

[1] 杜晓东. 城市大气污染现状及综合治理对策 [J]. 环境科学，2017（6）：128-131.

[2] 宋加梅. 我国主要城市空气质量情况及影响因素分析 [J]. 中国传媒大学学报（自然科学版），2019（4）：50-53.

学校名称：郑州市金水区优胜路小学、农科路小学、纬五路第一小学

小组成员：张馨月　齐鹏宇　李国铭

辅导教师：段立群　关春霞　张　敏　魏　一　刘明华

制作《垃圾分类游戏手册》

一、项目是怎么产生的

每个学生来自不同的小区，垃圾分类的再次推动，让学生亲身亲历的同时，更能做为一名小使者力所能及地去影响身边的人。

二、项目是什么

作为一名小学生，如何运用垃圾分类知识，学会常用垃圾分类，制作垃圾分类游戏手册，并通过手册使用，让更多的小朋友学会并教会他们身边的人垃圾分类，让更多的人参与到垃圾分类的行动中来。

三、项目做什么

（一）项目目标

（1）了解垃圾分类标准。

（2）制作垃圾分类游戏手册。

（3）让更多的同学及他们身边的人通过手册的使用，参与到垃圾分类的行动中来。

（二）困难与挑战

（1）根据小朋友常见的垃圾种类，设计适合易于小朋友掌握的垃圾分类投放标准。

（2）制作适合小朋友的垃圾分类游戏手册。

（三）涉及学科知识

涉及学科知识思维导图，如图1所示。

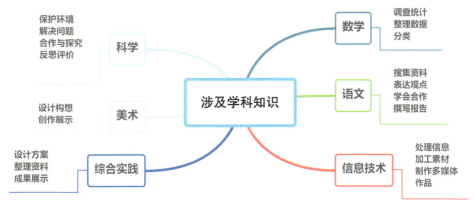

图1 涉及学科知识思维导图

四、项目怎么做

（一）谁来做

学生自主组成活动小组，成员:吴尚桐、程铄淇、张嘉恒、冯仁泽、肖帅、秦子歌。

（二）怎么做

在教师、家长的带领下，研究小组开始了项目研究之旅。

1.观察并了解日常垃圾

观察生活中的垃圾，只要认真找，在家里发现的垃圾还真不少。如图2所示的这些图片，只是拍到的一部分而已。

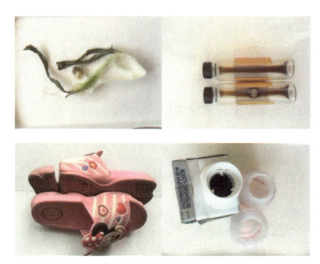

图 2　生活垃圾

2.制作游戏手册

（1）动手做，把设计思路逐一体现到手册里。研究小组用分类练习卡片使垃圾分类游戏化；在内页设置垃圾桶让游戏的操作更简单；通过邀约写行动宣言，帮助下一步行动；希望能让更多的小伙伴们一起有效地学，开心地玩，认真地做。

（2）请设计师指导美化作品。小组成员通过不同方式进行垃圾分类的宣讲、互动，得到了教师和同学们以及专家的指导和鼓励。

（3）在这次探究性实践中，研究小组把一个想法变成了落地的行动练习，通过邀约写行动宣言，再加上可以反馈垃圾分类的行动记录表，这就形成了一个完整的行动闭环。

五、项目做得怎么样

（一）了解制作一本书的过程

（1）了解郑州市垃圾分类标准，制作适合小学生使用的垃圾分类投放指南。

（2）把生活中常见的垃圾拍照，制作垃圾分类卡片。

（3）在书中设计分类垃圾桶，制作可以和读者互动的游戏部分。

（4）集思广益，设计书的封面、目录等。

（5）一起给这本书起个名字。

（6）把设计的稿子排版、印刷。

（二）研究成果

经过专家指导、家长支持，研究小组终于制作出了这本《垃圾分类游戏手册》，如图 3 所示。

图 3　《垃圾分类游戏手册》

六、项目评价与反思

（一）项目评价

"制作垃圾分类游戏手册"评价量规

项目	初级	中级	高级
调查实践	能在家里进行初步的垃圾分类实践，能对调查资料进行简单的分类整理	能在家里、校园、社区进行垃圾分类的调查实践，能对调查资料进行有序的分类整理	能在家里、校园、社区及更大范围内进行垃圾分类的调查实践，能按照步骤对调查资料进行合理、有序的分类整理

续表

项目	初级	中级	高级
设计创作	游戏手册封面有简单的设计，主题不鲜明，操作指南不清晰	游戏手册封面设计较美观，主题较鲜明，操作指南清晰	游戏手册封面设计美观，主题鲜明，操作指南清晰、趣味性强
汇报展示	能汇报项目成果，汇报内容简单，汇报形式无吸引力	能借助PPT、游戏手册自信大方地汇报项目成果，能和参观者进行互动游戏	能借助PPT、视频、游戏手册等自信大方地汇报项目成果，让参观者在互动中了解垃圾分类，并在留言板留下宝贵意见
成果推广	至少选择1种方式推广，如全校使用《垃圾分类游戏手册》推广垃圾分类游戏	至少选择2种方式推广，如校内推广、社区推广，让身边更多的人学会垃圾分类	至少选择3种方式推广，如校园推广、社区推广、微信公众号推广，让身边的人了解垃圾分类游戏，并推广给更多的人参与垃圾分类

（二）项目反思

研究小组的收获简直太多了。

吴尚桐同学说： 生活中要更多留意更多思考，敢于想勇于做，我们要对自己有足够的信心。在整个手册的制作过程中，我发现了自己的潜力，让我进一步认识了自己，很是自豪。

程铄淇同学说： 坚定了自己做环境保护这件事的信念。希望自己能一直持续做下去，同时带动更多的人参与进来。让自己做个对环境、对社会、对人类有帮助的人！

吴尚桐的妈妈说： 这本书有很多文化、教育、时间等元素，事实上这些点都是以"爱"为元素，传播爱、邀请爱、传递爱、表达爱，用爱引领行动，从而引导孩子去爱自己、爱身边的人和物、爱世界、爱未来！

澄明老师说： 这本《垃圾分类游戏手册》有很多的闪光点，这是一本与设计、甚至是与未来设计相关的书，特别好。书里涉及很多插画艺术及书籍装帧的知识，这部分可以借助外力去帮助和完善，最主要的是保护好孩子们的童真。这本书最大的特色是交互性，这是区别于其他书的闪光点。

花丽霞老师说 : 这真是一次愉快的体验，孩子们享受项目学习带来的乐趣，享受团队合作的乐趣，享受思考的乐趣，享受探究的乐趣。通过探究书的形成过程，他们把小学阶段做过的项目案例以书的形式保留了下来，相信不管是这次项目学习，还是这本书，都会给他们的小学生活留下美好的回忆。

七、参考文献

[1] 郭翔 . 我的第一本垃圾分类书 [M]. 北京 : 北京联合出版有限公司，2019.

[2] 吴艺华 . 书籍封面设计 [M]. 北京 : 人民美术出版社，2020.

学校名称 : 郑州市金水区文化路第一小学
小组成员 : 吴尚桐　程铄淇　张嘉恒　冯仁泽　肖　帅　秦子歌
辅导教师 : 孙　鹏　花丽霞　朱莉平　王黎超

墙体文化在城市美容美化中的作用

一、项目是怎么产生的

每天上学路上，马路边的围墙是映入我们眼中最主要的风景。有的墙上有各种污渍，感觉脏乱差。说不清从什么时候开始，路边的围墙上、配电箱上，甚至是窨井盖上出现了一幅幅精美的图画，有些是漂亮的风景画，有些是故事连环画，还有国学经典、名人名言……同学们也发现了这些变化，通过交流，他们产生了一连串大大的问号：这些美丽的画是谁画的？它的出现给我们的生活带来了怎样的影响？

二、项目是什么

为了深入调查墙体文化的作用，研究小组于 2019 年 6 月 28 日—8 月 20日开展了以"墙体文化在城市美容美化中的作用"为主题的项目化学习，并制作墙体文化研究思维导图，如图 1 所示。

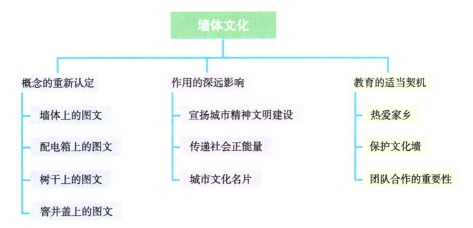

图 1　墙体文化研究思维导图

三、项目做什么

（一）项目目标

（1）实地走访，收集资料，了解墙体文化。

（2）设计调查问卷、访谈、撰写报告，宣传墙体文化。

（二）困难与挑战

联系采访，整理出研究成果并推广。

（三）涉及学科知识

在这次活动中，教师指导研究小组把课本上学到的知识应用到实践活动中来，如语文学科的调查采访、撰写报告，数学学科的统计数据、分析数据，综合实践学科的实地观察、小组分工合作，美术学科的图画鉴赏、绘制图画等，如图 2 所示。

图 2　涉及学科知识思维导图

四、项目怎么做

（一）谁来做

2019 年 6 月 28 日晚上，墙体文化研究小组成立大会在魏世博同学家里隆重举行。经过组员们投票，从四个备选名称中选出"'睛'彩之城"作为队名。结合墙体文化的特征，小组的口号为"用眼睛发现城市之美，用心灵感受城市之魅"。

（二）怎么做

研究小组在活动中采用了人物采访、调查问卷、统计、数据分析、数据对比等多种科学的研究方法，进行研究和分析。

1.收集资料

此次活动的问卷调查主要是针对墙体文化对大家平时的影响，调查对象为各类人群（因为是随机调查，所以参与的人很多，有环卫工人、饭店服务员、私营业主、政府公务员、保安、退休干部、家庭主妇等）。问卷调查在紫荆山公园附近进行，问卷调查回收率为 100%。

2.实地考察

全体小组成员在学校门口集体合影后出发，参观各个街道的墙体文化。小组首先来到了郑州市金水区花园路街道办事处下辖的水利厅社区，主要工作是采访政府部门工作人员，了解他们对墙体文化的认识。水利厅社区工作人员非常热情地接待了小组成员，并委派省水利厅社区党总支副书记羊振华接受了专访。

（三）成果展示

根据实地考察、调查问卷、采访，小组成员深知墙体文化在城市美容美化方面起到了重要作用，在宣扬城市精神文明建设和传递社会正能量方面起到了至关重要的作用。作为新时代的小学生，以此次墙体文化研究型学习为契机，也尝试着自己绘制墙体文化的图画，争做城市的小主人。绘制作品如图3~图6所示。

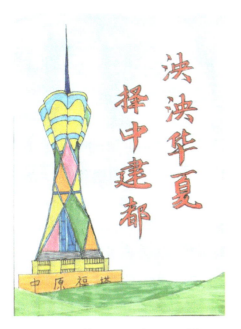

图3　张诗媛绘制的《中原福塔》

图4　巴孜诺绘制的《中国力量》

图 5 卢元格绘制的《崇德尚礼》   图 6 冷宸煊绘制的《迎新年》

五、项目做得怎么样

（一）结论研究

（1）大多数人对墙体文化的概念认识有局限。他们认为，墙体文化主要是在墙体上。对于配电箱、窨井盖、树干等上面的墙体文化，还需要继续加强宣传。

（2）墙体文化的内容是丰富多元的，同时也是充满正能量的。墙体文化的绘制内容包括风景画、故事连环画、国学经典、名人名言……墙体文化的风格幽默、个性、励志、积极，引人入胜。

（3）人们已经充分意识到墙体文化在城市美容美化中起到的重要作用。墙体文化在宣传城市精神文明建设，传递社会正能量方面起到的重要性毋庸置疑，墙体文化就是一张城市的文化名片。

（二）活动交流

为了更好地宣扬墙体文化在城市美容美化中的作用，研究小组在班级内举行了展示交流活动。魏世博、卢元格展示了内容丰富的墙体文化照片；冷宸煊、商城硕展示了研究小组绘制的宣传墙体文化的图画；张诗媛分享了研究小组的收获。同学们纷纷向他们伸出大拇指，班级内也掀起一阵欣赏墙体文化、绘制墙体文化的热潮。

（三）获奖情况

本项目荣获郑州市研究性学习成果二等奖和金水区优秀小组奖。

六、项目评价与反思

（一）"墙体文化在城市美容美化中的作用"评价量规

项目	★	★★	★★★
采访过程	初步掌握访谈的基本要素，采访前对墙体文化有所了解；采访时有礼貌，能认真倾听；思考后，能提出自己的问题	基本掌握访谈的要素，采访前对墙体文化有一定的了解；采访时礼貌得体，能认真倾听；思考后，能提出具体的问题	熟练掌握访谈的基本要素，采访前对墙体文化有深入的了解，能营造和谐融洽的采访氛围；能认真倾听，积极思考，并提出具体而有针对性的问题
问题解决	能发现墙体文化活动探究中存在的普遍性问题，但是不能运用知识、技能自主解决	能发现墙体文化活动探究中存在的普遍性问题，能运用知识、技能，尽力解决	能发现墙体文化活动探究中存在的普遍性问题，能及时运用知识、技能找到合理的解决办法
设计绘制	对绘制墙体文化有自己初步的设计方案，但不能很准确地表达出来；绘制的作品能围绕一个主题进行简单的绘制	设计墙体文化前，愿意与他人沟通，说出自己的设计意图；绘制的作品主题突出，内容完整	积极与他人沟通自己对墙体文化的设计理念，说出自己的构思，充分体现想象力和表现力；绘制的作品主题突出，立意新颖，设计精美
成果汇报	能使用普通话，在小组成员的帮助下，大概说出自己对墙体文化的研究成果	愿意汇报自己关于墙体文化的研究成果，汇报时，表情自然，表达清晰；能汇报出自己的研究主题及研究结果，内容比较完整	能自然大方地汇报自己关于墙体文化的研究成果，观点明确，主题突出，设计的方案有一定的创造性；在汇报时能发挥合作精神，给予小组成员帮助

（二）项目反思

通过这个研究性项目的学习，小组成员有了满满的收获。

魏世博同学说：通过参与本次活动，我意识到了团队合作的重要性。我们一起沿着街道欣赏墙体文化，一起调查问卷，一起走进社区采访，一起写报告。今天获得的这两份沉甸甸的荣誉证书，就是我们团队努力的结果！

卢元格同学说：知道了墙壁上、配电箱上、窨井盖上，甚至树干上的绘画都是墙体文化。我采访了一位绘画的叔叔，他是一位聋哑人，不能用语言表达，可他手尖下流动的是艺术，他真了不起，为这座城市贡献着自己的力量！

商城硕同学说：我真真切切地感受到了郑州的历史文化及现代之美。顶着30多摄氏度的高温，我们走在郑州街头，希望自己也能为魅力郑州涂上最有力的一笔。

冷宸煊同学说：在活动中，我和三位同学的关系更融洽了，所有的活动，我们都坚持自己行走，几天下来，我的腿都已经长出了一点肌肉。我还想说一句话："墙体文化是我们家乡的，请同学们不要破坏哦！"

魏世博的爸爸说：孩子们通过在街头宣传、网络宣传，号召更多的人一起行动起来，共同关注墙体文化。我为他们主人翁意识的觉醒感到欣慰，为他们小小年纪就承担起社会责任而感到自豪。

商城硕的爸爸说：孩子们积极地参与到活动中，陶冶了情操、开阔了视野，体会到了魅力郑州是每个人努力的结果，应倍加珍惜，更希望自己好好学习，为郑州加油、添力。

邢彦利老师说：每位小组成员以"墙体文化"项目学习为契机，悄然改变了平时的学习方式，同学之间学会了交流合作，学会了主动获取知识，培养了发现问题、提出问题、解决问题的能力。我想，这应该是项目学习最大的收获吧。

薛静老师说：他们的小组口号"用眼睛发现城市之美，用心灵感受城市之魅"，让我仿佛触摸到了孩子们向往美好的心灵，看到了他们城市主人公的自信模样！活动中，我为他们善于发现、积极探索的精神所感动。

张恒老师说："墙体文化"研究项目以 PBL 项目化学习的方式为学生搭建了主动学习的平台，有效落实了核心素养的培养。在课程中，孩子们丰富了想象力，发展发散了思维，强化了合作意识，体验了成功的快乐。

学校名称：郑州市金水区纬五路第二小学

小组成员：魏世博　张诗媛　卢元格　冷宸煊　商城硕

辅导教师：邢彦利　薛　静　张　恒

郑州市共享单车使用现状的调查

一、项目是怎么产生的

郑州市是省会城市，现代化进程飞速发展。2017 年年初，共享单车像雨后春笋般遍布郑州的大街小巷。共享单车深深地吸引着孩子们，他们都想试试骑上共享单车是什么感觉。

二、项目是什么

大量共享单车在郑州市投入使用，这项举措让市民感到欣喜，影响到每个家庭。同时，共享单车给人们的生活带来哪些方便，共享单车使用中存在哪些问题，如何更好地使用共享单车等问题逐渐引发着成人和孩子们的思考。

三、项目做什么

（一）项目目标

（1）了解共享单车对人们生活的影响。

（2）实地调查共享单车的使用现状。

（3）提出治理共享单车的有效措施。

（4）整理调查研究资料，展示项目成果。

（二）困难与挑战

（1）了解共享单车的发展历史，提出合理化建议。

（2）针对共享单车存在的问题，提出有效的治理方案。

（3）团队合作，积极参与社会实践服务活动。

（三）涉及学科知识

涉及学科知识思维导图，如图1所示。

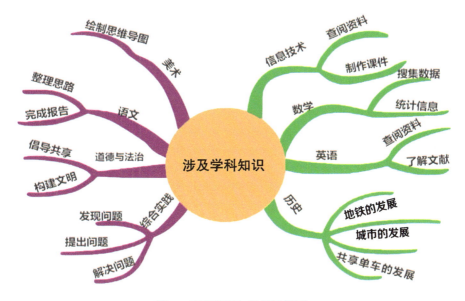

图1　涉及学科知识思维导图

四、项目怎么做

（一）谁来做

针对调查活动，宁一帆同学召集有兴趣的同学成立项目小组。通过召集人员，介绍项目设想，展示个人特长，组建了四个人的研究小组。

（二）怎么做

1.随机采访，收集资料

教师指导研究小组设计了以下采访提纲，他们走上街头，进行随机采访，亲身感受人们对共享单车的看法。采访提纲如下：

共享单车使用现状　采访提纲

学校　　　　班级　　　　姓名　　　　学号

采访提纲	采访对象
问题一： 你使用过共享单车吗？你有什么感受？	共享单车使用人员：
问题二： 共享单车给我们个人带来了方便，你觉得对社会有哪些积极影响？	共享单车管理人员：
问题三： 请问，你发现共享单车给我们的生活带来了哪些方便？	交通协管员：
问题四： 你认为小学生可以骑共享单车吗？说说你的看法。	小学生：

2.实地考察，采集数据

研究小组乘坐不同的交通工具，实地体验共享单车的便捷。

体验方案一：宁一帆同学乘坐公交车出发，走路 10 分钟到 BRT 站台乘B3 路，中间换乘 B38 路，最后用了 70 分钟才到达河南省地质博物馆。

姓名	主要路口及所花费的时间（单位：分钟）					行程（单位：千米）	费用（单位：元）
	出发地	乘坐 B3 路到东风路与中州大道	东风路与中州大道交叉口等车、换乘 B38	河南省地质博物馆	时间合计		
宁一帆	10	20	10	30	70	18	4

体验方案二：王应瑜越爸爸开车出发，一上高架桥他们就被堵在了中州大道，走走停停，全程用了 80 分钟，最后找停车位又用了七八分钟。

姓名	主要路口及所花费的时间（单位：分钟）					行程（单位：千米）	费用（单位：元）
	出发地	北环路与丰庆路交叉口（上高架桥口）	北环路与中州大道交叉口	东风南路与金水东路交叉口	河南省地质博物馆	时间合计	
王应瑜越	0	10	10	40	20	80	16	5+10

体验方案三：常俊博骑"小黄车"到地铁口，出地铁又骑"小黄车"到达河南省地质博物馆，全程用了 54 分钟，比预计还早了 6 分钟。

姓名	主要路口及所花费的时间（单位：分钟）					行程（单位：千米）	费用（单位：元）
	出发地	沿园田路、东风路至 2 号线东风路站	买票进站、坐地铁共 8 站	出站、打开"小黄车"	骑行至河南省地质博物馆	时间合计	
常竣博	1	20	24	4	5	54	21	5

3.深入生活，了解现状

师生深入生活，走进社区，走街串巷，了解共享单车的使用现状。发现小区周围、公交站附近、地铁口，摆放了大量的共享单车，为广大市民的出行提供了方便。

共享单车方便了大家的出行，但它带来的问题也困扰着大家。如共享单车在家门口随意停放，共享单车占道停放，共享单车被故意损坏、丢弃等，甚至有人将共享单车据为己有。

除了上述的极端个案，部分市民在用共享单车时也有不文明行为，如逆行、占用机动车道等。还有些人把共享单车随便扔在一个地方，有时候挡着其他的车辆通行或者停靠，共享单车并没有真正被共享。

4.文明先锋，践行服务

文明出行，人人有责。针对共享单车乱停乱放的现象，小组成员自发组成"文明先锋志愿服务小组"，开展公益服务。服务小组来到小区周围、公交站附近、地铁出口，把共享单车摆放整齐，以自身行动宣传倡导文明停放车辆。

治理共享单车，全社会都在行动。社区在每个小区门口张贴了"禁止共享单车进入"的提示牌，交通管理部门科学规划停车区域。我们发现共享单车的使用、停放、治理越来越规范。

五、项目做得怎么样

（一）研究结论

1.共享单车，方便快捷

研究小组通过制作统计表，用数据来分析，通过对比发现：纵向比较，从时间上看，乘坐地铁然后再骑"小黄车"用时54分钟，最省时；从行程上看，开车路程最近，只有16千米；从费用上看，坐公交才花4元钱，最经济实惠。横向比较，开车行程虽然最短，但是费用最高，耗时最长，而乘坐地铁然后再骑"小黄车"最方便快捷，经济实惠，又环保还能锻炼身体。

姓名	出行方式	时间 / 分钟	行程 / 千米	费用 / 元
常俊博	地铁＋共享单车	54	21	5
宁一帆	公交车	70	18	4
王应瑜越	自驾车	80	16	15

2. 共享单车，"添堵"单车

（1）通过深入生活了解发现，乱停放的共享单车随处可见，地铁口、人行道、绿化带，几乎到了无孔不入的地步。这样的停放方便了自己，却麻烦了别人，甚至给城市"添堵"。建议规范共享单车停放位置。

（2）研究小组还发现一些特别现象，共享单车被人为地故意损坏、丢弃等，甚至有人将共享单车据为己有。建议加强对共享单车的公共管理。

（3）调查发现，有不少未满 12 周岁的儿童骑共享单车出行，存在很大的安全隐患。为了安全着想，建议未满 12 周岁禁止骑共享单车。

（二）项目交流

在 2017 年第六届中小学教育国际会议开幕式上，我校研究小组和优胜路小学、工人第一新村小学的研究小组共同进行了"实践的力量——共享单车润我心"成果展示。展示过程中，我校项目组成员再现了实地调查研究、采集数据、对比分析小组活动的整个过程，得到了与会专家教师的一致称赞。

（三）获奖情况

调查研究报告"关于郑州市'共享单车'使用现状的社会调查"荣获金水区中小学"能力生根"研究性学习一等奖，活动小组被评为金水区中小学"能力生根"研究性学习优秀小组。

六、项目评价与反思

（一）项目评价

"郑州市共享单车使用现状的调查"评价量规

项目	★	★★	★★★
小组合作	无具体分工，小组基本完成项目，遇到问题不能商讨解决	有具体分工，合作完成项目任务，能够互相支持、协作	有具体分工，合作完成项目，定期交流整理活动成果，遇到问题共同商讨与解决
社会调查	能够参与到社会调查中	在调查活动中能够承担一定的任务	积极开展社会调查，有具体的调查目标，详细设计采访提纲，制定调查方案，及时收集整理信息
成果汇报	汇报主题突出，结论正确	汇报表述思路清晰，条理清楚，资料丰富翔实	汇报有创意，表述方式新颖有吸引力，资料丰富翔实，给人以启发和思考
社会服务	结合项目任务，积极主动参与社会服务活动	结合项目任务，发现问题，提出建议，积极开展社会宣传	结合项目任务，发现问题，提出建议，积极宣传，开展文明先锋活动，引导文明行为

（二）项目反思

王梦琪同学说：非常开心，能够亲自参与项目，走进生活，关注身边发生的事情，了解到生活的这座城市无时无刻不在发生着变化，人们的生活越来越便捷。我们也越来越喜欢生活的这座城市。

宁一帆同学说：大街上的共享单车数量越来越多，我们走上街头，对共享单车的情况进行了调查。运用课堂上学习的知识和方法，发现问题，解决问题，感受亲身参与活动项目的乐趣。通过这次调查，我觉得共享单车方便了人们的生活，更多的人选择了绿色出行。同时呼吁大家文明使用共享单车，让共享单车真正地被共享。

王应瑜越的爸爸说：作为家长，我们感到学生的成长不仅仅是学习课本知识，提高成绩，在老师的指导下，孩子们走进社会，走进生活，关注社会热点问题，大胆提问，踊跃参与，提高了孩子们的社会参与能力、动手实践能力和合作学习能力。

王淑君老师说：社会的发展，知识更迭速度的加快，对人才的培养提出了新的要求和挑战。小学生走进社会开展调查研究，既能培养他们的社会责任感，又能让他们在社会生活中锻炼能力，实践知识。项目化学习活动的开展能让孩子在具体的任务驱动下，在真实的学习环境中实现深度学习。

七、参考文献

[1] 杰瑞·卡普兰.人工智能时代 [M].杭州：浙江人民出版社，2015.

[2] 罗宾·蔡斯.共享经济 [M].杭州：浙江人民出版社，2015.

[3] 杨其光.共享单车：共享经济爆发的新风口 [M].北京：民主与建设出版社，2017.

学校名称：郑州市金水区文化绿城小学

小组成员：宁一帆　王应瑜越　常俊博　王梦琪

辅导教师：牛保华　晁志贤　王淑君

揭开芦荟胶的"神秘面纱"

一、项目是怎么产生的

杨兆瑞同学在户外暴晒之后，小脸变得通红，她的妈妈会给她涂上芦荟胶，说芦荟胶可以滋润肌肤；当她不小心磕破皮，她的妈妈说芦荟胶可以止血。芦荟胶的作用非常多，所以被誉为"万能胶"。她很好奇，芦荟胶这么神奇，是用什么做成的？

二、项目是什么

生活中常用的芦荟胶是从芦荟里提取出来的吗？芦荟胶还有哪些鲜为人知的用途？杨兆瑞同学决定和有共同兴趣的同学组建团队，选取三年以上的盆栽芦荟，开展实验，提取芦荟胶，试图揭开芦荟胶的"神秘面纱"。

三、项目做什么

（一）项目目标

（1）调查一个班同学对芦荟胶的了解及对芦荟的认知。

（2）培育芦荟，对其进行观察记录。

（3）开展实验，从新鲜芦荟中提取芦荟胶。

（4）对实验结果进行分析、求证。

（二）困难与挑战

（1）了解芦荟胶的品种，开展实验。

（2）对提取出的芦荟胶进行观察、质疑、求证。

（三）涉及学科知识

涉及学科知识思维导图，如图1所示。

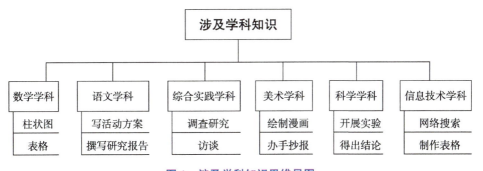

图1　涉及学科知识思维导图

四、项目怎么做

（一）谁来做

在杨兆瑞同学的召集下，几个感兴趣的同学共同组建了研究小组。小组成立后，他们在一起开了第一次会议，确定小组约定如下：勤思考，肯钻研；有想法，重实践；心要细，胆要大；听指挥，共合作。

（二）怎么做

研究小组分三个阶段开展研究学习。

1.收集资料

小组成员利用业余时间在网上、图书馆查阅资料，走访超市，寻找和芦荟有关的产品。这一阶段研究小组得到了大量的信息，知道了芦荟胶的作用。

2.调查

研究小组设计调查问卷，调查同学们平时使用芦荟胶的习惯及对芦荟作用的了解，如图2所示。通过数据分析可以看出，大部分同学对市面上售卖的芦荟胶有一定的了解并知道其用途，但是对于芦荟胶是如何提取的知之甚少。

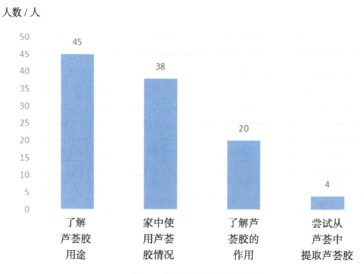

图 2　调查问卷数据分析

3.亲自培育

小组成员利用假期在家培育并观察芦荟成长，写下观察日记，记录芦荟的生长过程。

4.实验与论证

经过一个多月的观察培育，研究小组带着精心培育的芦荟来到学校，开展实验，揭开芦荟胶的"神秘面纱"。

第一步：设计实验，提取芦荟胶。

第二步：观察对比。

小组成员先把提取出来的三瓶芦荟胶放在一起对比，观察到：

品种	提取量 / 克	颜色	气味	质地
1 号中华芦荟	1.0	透明	淡淡草味	偏水状
2 号木立芦荟	0.5	透明	淡淡青草味	偏水状
3 号库拉索芦荟	2.0	半透明	—	—

由于提取的芦荟胶内没有添加任何其他成分，小组成员把三瓶芦荟胶放进冰箱冷藏再进行观察。

3 天后，小组成员发现：

品种	颜色	气味	质地
1 号中华芦荟	透明淡绿	轻微发酸	水渣分离
2 号木立芦荟	褐色	轻微发酸	水渣分离
3 号库拉索芦荟	玫红色	发酸	水渣分离

于是，他们又产生了新的困惑，芦荟胶是不是坏掉了，这样的芦荟胶能使用吗？

第三步：咨询专业人士。

为了解决这些问题，研究小组胡老师联系到某初中化学教师，请他给组员们普及相关知识。小组成员提取的芦荟胶已经变质，是不可以使用的。小组成员了解到芦荟胶的提取看似简单，其实是需要专门的实验室，小组成员还明白了芦荟胶产品背后配方表的意义。老师告诉小组成员芦荟有一定的致敏性，不可盲目使用，使用前一定要在耳后做皮试。

5. 班级展示

为了扩大影响，让更多的人了解我们的调查研究，在教师的帮助下，研究小组将实验过程做成视频分享给更多的同学。

五、项目做得怎么样

（一）研究结论

（1）通过实验，研究小组提取出三种不同品种的芦荟胶，并了解到芦荟胶更多的功效。

小组成员提取的芦荟胶整体颜色透明，气味有植物草本味道，质地黏稠且拉丝，触感清凉，抹在皮肤上润润的、滑滑的，与市面上售卖的芦荟胶很相似，但是质地有明显的不同。

芦荟胶有激活细胞活力，延缓皮肤衰老，收敛、调和皮肤，滋养皮肤和保护皮肤的功效，是美容的精品。芦荟胶内含的超氧化物歧化酶、过氧化酶、维生素 C、维生素 E、胡萝卜素等自由基的清除剂，能清除皮肤细胞衰老的自由基，延缓皮肤衰老。

（2）通过咨询专业人士，小组成员得知芦荟胶产品中除了从芦荟中提取的物质，还有很多添加剂。

由于没有使用添加剂，研究小组提取的芦荟胶保质期特别短，3 天以后颜色会变红，气味也会有变化，新鲜提取的芦荟胶容易变质。市面上售卖的芦荟胶里面，除了有芦荟提取物，还要添加很多成分，例如，丙二醇、甘油、氢氧化钠等。有了这些成分的加入还远远不够，还要保证生产车间的无菌性；提取的芦荟胶还要进行蒸馏、粉碎、沉淀等步骤。由此可见，小组成员提取的芦荟胶达不到以上要求，是不能盲目使用的。

芦荟胶的"神秘面纱"被揭开，研究小组也对芦荟有了更为深刻的认识。

（二）成果展示

如图 3 所示，小组成员合作，手绘漫画集，让更多的人能一目了然地了解芦荟胶的作用和芦荟鲜为人知的用途。

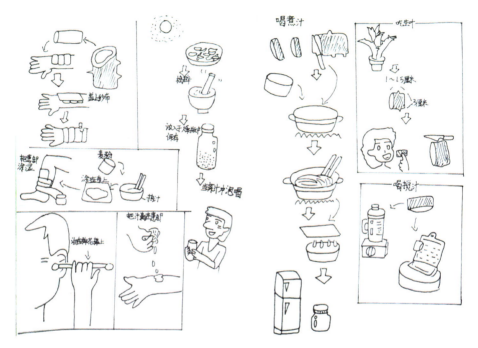

图 3　漫画集，部分内容展示

（三）获奖情况

本项目荣获郑州市中小学生研究性学习成果一等奖。

六、项目评价与反思

（一）项目评价

亲爱的同学们：当你拿到这张评价量规时，相信已经完成了这次研究性学习，老师为你们的坚持不懈鼓掌，也为你们的大胆创新竖起大拇指。请你们拿起手中的笔，来进行评价吧。

"揭开芦荟胶的神秘面纱"评价量表

项目	优秀	良好	合格
探究过程	在探究过程中，小组成员能在教师的指导下、小组长的带领下，全面收集有关芦荟胶的资料；培育芦荟过程中，细心观察芦荟生长变化；在问题讨论中，积极参与交流	在探究过程中，小组成员能收集有关芦荟胶的资料，但是不够全面；培育芦荟的过程中，对于芦荟的生长及特点观察不够细致；在问题讨论中，能参与但不够积极	在研究过程中，小组成员收集信息的渠道比较少，仅限于网络，没有从书中、论文里、采访专家，找更权威的资料；在问题讨论中，很少有自己的发现与想法
实验研究	在提取芦荟胶的实验中，能积极动手参与实验，对研究主题兴趣浓厚，主动与教师和小组成员交流探究过程和体会；提取的芦荟胶纯净，无大黄素等杂质	在提取芦荟胶的实验中，能参与实验，对研究主题有一定的兴趣，能和教师、小组其他成员交流研究过程和体会；提取的芦荟胶比较纯净	在提取芦荟胶的实验中，参与实验，但是实验效果一般，在研究过程中与教师、小组成员沟通较少；实验过程中，提取的芦荟胶含有较多的大黄素等杂质，不够纯净
成果展示	在成果展示中，能积极参与手绘漫画设计，能创造性地设计成果展示方案，例如PPT展示、校内宣讲等，成果展示受到师生肯定与赞扬	在成果展示中，有关芦荟胶的使用漫画设计不具有创新性，展示活动单一，语言表达能力一般，成果展示效果良好	在成果展示中，设计的展示方案不能很好地吸引观众，绘制的漫画效果一般，不够吸引人

（二）项目反思

"纸上得来终觉浅，绝知此事要躬行。"研究小组在生活中发现问题以后，并不满足于书中收集到的资料，而是通过观察、实验等，最后得出结论，在这个学习过程中我们有很多收获。

杨兆瑞同学说：这次研究性学习让我大开眼界，处处留心皆学问。家里养的芦荟，平时看起来那么不起眼，没想到还有这么多我不知道的知识。

卢炬冉同学说：由于我们提取出来的芦荟胶没有检测，所以没有立刻拿来使用，而是放进冰箱静置观察。正是这种严谨周密的科学态度，让我们研究小组发现了芦荟胶细微的变化，并进行再次质疑和学习。

侯琳妍同学说：这次项目学习，增长了我的课外知识，同时也锻炼了我各方面的能力，例如：收集资料、与人交流、参与合作等。期待下一次参与这样的学习活动。

李子林的家长说：在这几个月的研究性学习中，孩子们有了很大进步。希望孩子们能带着这股探索劲，坚持下去，现在是一个小研究，将来做大科研，家长会一直支持这群爱探究的孩子们的。

胡慧娟老师说：通过这次研究性学习，我发现"智慧少年"研究小组的进步非常大，他们能从生活中发现问题，并运用各种研究方法解决问题。这个过程锻炼了他们的动手动脑能力以及创新能力，培养了他们从小探究的习惯和科学精神。

七、参考文献

[1] 杨四耕．跨界学习 [M].上海：华东师范大学出版社，2018.

[2] 中国科学院中国植物志编辑委员会．中国植物志 [M].北京：科学出版社，1980.

[3] 熊佑清，等．芦荟 [M].北京：中国农业大学出版社，1998.

学校名称：郑州市金水区新柳路小学

小组成员：杨兆瑞　卢炬舟　邵彩玥　夏子俊　李子林　侯琳妍

辅导教师：李　莉　胡慧娟　冯赛男　陈　霞

河水的秘密我知道

一、项目是怎么产生的

我们学校门前流淌着一条历史悠久的河流——熊耳河。不少同学会问：熊耳河的水质如何？河水有没有遭到污染？河里是否有鱼儿生存？学生充满好奇，也激发了我们教师的兴趣。因此，我们决定一起走近熊耳河，探究河水的秘密。

二、项目是什么

了解熊耳河的历史、水质现状、河流的作用及其重要意义，并将研究过程和成果进行广泛宣传，以此来增强大家"保护河流，珍惜水资源"的意识。

三、项目做什么

（一）项目目标

（1）了解熊耳河的历史。

（2）开展对熊耳河的实地考察和水质的深入研究。

（3）在校内对同学进行调查采访，了解大家"保护河流及水资源"的意识。

（4）宣传倡议保护河流、珍惜水资源行动。

（二）困难与挑战

（1）对熊耳河进行实地考察和河水取样。

（2）对熊耳河水质进行研究。

（三）涉及学科知识

涉及学科知识思维导图，如图1所示。

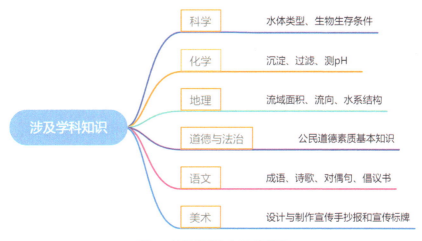

科学	水体类型、生物生存条件
化学	沉淀、过滤、测pH
地理	流域面积、流向、水系结构
道德与法治	公民道德素质基本知识
语文	成语、诗歌、对偶句、倡议书
美术	设计与制作宣传手抄报和宣传标牌

图1 涉及学科知识思维导图

四、项目怎么做

（一）谁来做

有了待研究的问题，几位同样对熊耳河充满好奇的小伙伴迅速组建了项目研究小组。为了提高团队的效率和质量，更好地探寻熊耳河水质的秘密，在研究小组的会议上我们进行了合理的分工，并制定了完整的团队公约。

（二）怎么做

1.收集资料

为了更好地开展项目研究，小组成员分别查阅了关于熊耳河的资料，并及时进行了交流讨论，进一步了解了熊耳河的历史文化和发展进程。

2. 制订实施方案

在了解熊耳河历史的基础上，经过讨论交流，制订了切实可行的研究计划和实施方案。研究项目主要包括实地考察、实验室探秘、调查采访和宣传倡议。小组成员对每个阶段实施的具体要求进行了详细讨论；积极按照所需材料清单进行准备工作。由于研究小组需要去河边采样，小组成员在完善实施方案的基础上，还补充了安全公约。

3. 实地考察

小组成员通过查阅资料了解到熊耳河得到了治理，但是人们是否能坚持保护熊耳河水质，熊耳河的水质现状究竟怎么样？为了解开疑惑，小组成员根据讨论制订的研究方案，在教师的带领下，对熊耳河进行了实地考察。

（1）考察熊耳河水质。为了了解河水污染情况，小组成员对学校门前流经的熊耳河进行了实地考察，认真观察了河水的颜色，并观察河里是否有垃圾，是否有生物及生物的生存状态，将观察到的情况及时记录下来，作为研究依据。

（2）对河水进行取样研究。为了对熊耳河的水质展开进一步研究，研究小组对河水进行取样并带回实验室，准备继续研究。

4. 实验室探秘

首先，小组成员对河水进行沉淀，观察河水的颜色及沉淀物，然后通过实验对河水进行过滤、净化、对比，了解熊耳河的水质现状，如图 2 所示；小组成员在实地考察时发现泥鳅能够很好地在河水里生存，将取样的河水带回实验室，用试纸检测河水的 pH 来了解河水是否适合泥鳅生存。同时，还提出了一个疑问："河水的水质是否也适合金鱼生活呢？"于是，小组成员尝试用静置沉淀后的河水养金鱼，看看金鱼是否能在河水中正常生活，如图 3 所示。

图2 对河水进行过滤　　　　　图3 用河水养金鱼

5.调查采访

研究小组向身边的同学展开调查活动，提出了一些问题：你观察过熊耳河的水质吗？为了保护熊耳河，我们应该做些什么？我们应该如何保护水资源……

6.宣传倡议

通过对熊耳河水质进行研究，研究小组对熊耳河的水质有了更多了解。没有被污染的水质，能够给人们创造好的河畔环境，也能给泥鳅等水生物创造好的生存条件。同时，小组成员通过查阅资料了解到，有些河流还可以提供丰富的淡水资源供人们生活所用。因此，小组成员及时进行了"保护河流，珍惜水资源"的宣传活动。

（1）研究小组动手制作了宣传标牌和手抄报，将宣传标牌粘贴在熊耳河边，对过往行人进行宣传倡议，呼吁大家"保护河流，珍惜水资源"。

（2）为了让更多的同学了解熊耳河，并认识水资源的重要性，研究小组对此项目研究活动中的过程性资料进行校内分享交流，包括实地考察记录单、实验记录单、照片、视频及手抄报和宣传标语等，通过宣传活动提高同学们保护河流和水资源的意识。

五、项目做得怎么样

（一）研究结论

通过走近熊耳河开展实践与研究，研究小组不仅了解了熊耳河的历史，还得到了一些重要的研究结论。

1. 熊耳河的历史

熊耳河是一条古老的河流，从 20 世纪开始，由于大量的工业污水和生活用水注入，导致河水腥臭、生物绝迹，使熊耳河成为郑州地区污染最严重的河流。2001 年，郑州市人民政府开始大力治理熊耳河污染，克服重重困难，对熊耳河予以根治，使熊耳河彻底改变了面貌，河水变清了，河畔环境宜人，美化了人们的生活。

2. 对熊耳河实地考察和水质研究的结论

通过对熊耳河进行实地考察，研究小组发现熊耳河河水较为清澈，有少量塑料漂浮物，在力所能及的范围内，研究小组对垃圾进行了清除。此外，研究小组在河里还发现了小泥鳅，观察到它们生存状况良好。

将河水取样带回实验室之后，研究小组对河水进行了静置沉淀，从沉淀物来看，主要是少量沙土和植物腐化残留；然后用科学的方法对河水进行了过滤、净化，发现净化后的河水更加清澈，说明河水没有遭到严重污染。小组成员用 pH 试纸对河水进行检测，结果显示河水 pH 为 7，证明熊耳河的河水比较适合泥鳅等水生动物生存。最后，尝试用沉淀后的河水养金鱼，经过两周的对比观察，小组成员发现金鱼在河水中也能生活得很好，说明熊耳河的水质良好并且适合鱼儿生活。

3. 熊耳河的价值

熊耳河水质良好，利于水生动物生存，河畔植物多种多样、生长旺盛，熊耳河已经成为动物、植物繁衍生息的重要场地，增加了城市生物的多样性，给城市带来了生机，促进了生态平衡；熊耳河两岸环境优美，空气清新，给居民创造了舒适的居住环境，同时也成为人们的休闲胜地；研究小组还了解到熊耳河可以排洪、除涝。因此，熊耳河对环境的改善及社会的和谐都有着非常重要的作用。

（二）成果交流

通过一系列的项目研究活动，研究小组对熊耳河的水质有了不一样的认识，揭开了河水的秘密，学习了关于河流的知识，也掌握了一些科学实验方法，并且对研究过程中的所学所思所获在校外进行了宣传和展示，大力宣传"保护河流，珍惜水资源"。

我校于 2019 年 11 月参加了金水区承办的第四届全国中小学（幼儿园）品质课程研讨会，此项目研究过程性资料汇编成册，进行展示交流与宣传。

六、项目评价与反思

（一）项目评价

"河水的秘密我知道"评价量规

队　长：＿＿＿＿＿＿　　小组成员：＿＿＿＿＿＿＿＿＿＿＿＿＿＿＿

请你以实事求是的态度对自己及小组成员参与项目学习研究过程的情况进行客观、公平、公正的评价，请认真填写此评价表。

项目	评价标准		
	一般	良好	优秀
小组合作	任务不明确，缺乏合作，不能有效地进行合作探究与交流，任务完成效果较差	明确任务和职责，能参与合作探究与交流，任务完成效果良好	明确任务和职责，能积极参与合作探究及交流，高效完成项目任务
探究过程	能基本参与收集资料、实地考察、实验探究、调查采访和宣传倡议；不能较好地解决问题；没有完整的记录和资料	愿意参与收集资料、实地考察、实验探究、调查采访和宣传倡议；能够积极想办法解决问题；有较丰富的记录和资料	能积极参与收集资料、实地考察、实验探究、调查采访和宣传倡议；有较强的问题解决能力；有完善且高质量的记录和资料

续表

项目	评价标准		
	一般	良好	优秀
调查采访	准备不充分，不能有效开展"保护熊耳河的措施、河流的作用及重要性"相关调查	能较好地开展"保护熊耳河的措施、河流的作用及重要性"相关调查；问题设置一般，代表性不强	能有效地开展"保护熊耳河的措施、河流的作用及重要性"相关调查；问题设置具有代表性，严谨科学，具有意义
宣传倡议	宣传过程中，不配合其他队员；倡议形式不合理；没有起到应有的效果	宣传过程中，和其他组员互相配合；倡议形式合理、效果一般	宣传过程中，和其他组员合作默契；倡议形式新颖独特、效果显著

注：三项以上优秀的评价为优秀，两项优秀的评价为良好，少于或等于一项优秀的为一般。

（二）项目反思

对于此次项目学习，大家做出了以下反馈：

司宜玮同学说：这次项目活动，虽然时间不长，但我的收获却是平常在课堂上很难得到的。当我亲身经历了这一项目活动以后，我更加体会到了"纸上得来终觉浅，绝知此事要躬行"的深刻道理。

韦存畅同学说：经历了来回在实验室里不断思索与探究，我们才获得这些成果。项目学习让我明白了遇到困难要迎难而上，我会把这次活动作为一个起点，在今后的学习和实践中，一定要脚踏实地，希望能争取更多的锻炼机会让自己不断进步。

周子叶同学说：制订研究计划、实地考察、实验探究、资料整理、从现象到结论……这些都是我在这次项目研究过程中学到的技能，我总结了不少经验，希望在以后的项目学习中能学以致用。

冯先豫的爸爸说：这次项目活动，孩子们收获的不仅仅是知识本身，更多的是一种敢于提问、敢于挑战、不怕困难的精神，孩子们在项目研究过程中得到了成长。

赵原醇的爸爸说：希望孩子们能永远持有一颗好奇之心，善于发现生活中有价值的问题，通过研究揭示生活中的小秘密，期待孩子们开启下一场项目研究之旅。

史钰芳老师说：孩子们经历了一系列的研究过程，观察、分析、收集与整理信息、动手操作、语言表达、合作学习等能力都得到了提升，此次项目研究对孩子们科学思维的拓展也大有裨益。

吴芳老师说：孩子们可以利用这次机会一起走进大自然，了解学校周边或郑州市域的相关河流，不仅探究了河流水质，而且提高了环保意识。通过项目研究，孩子们的综合素质和能力都得到了提高。

七、参考文献

[1] 中华人民共和国教育部.小学科学课程标准（2017 年版）[M].北京：北京师范大学出版社，2017.

[2] 玛丽·玛格丽特·卡普拉罗.基于项目的 STEM 学习：一种整合科学、技术、工程和数学的学习方式 [M].王雪华，屈梅，译.上海：上海科学技术出版社，2016.

学校名称：郑州市金水区未来小学

小组成员：司宜玮　韦存畅　靳　越　徐丞伯　洪先豫　周子叶　赵原醇

辅导教师：李艳艳　史钰芳　吴　芳

神奇的泵

一、项目是怎么产生的

2020 年夏天，全国多地遭遇了连续多日的强降雨天气，发生了洪涝灾害。新闻报道中说，郑州市也会迎来多轮强降雨天气，市政部门正在不断加强城市防汛和应急抢险工作。如果短时间内降水量较大，城市里的雨水将淹没街道和房屋，这个新闻引发了一些同学的思考：城市里的雨水最终会排向哪里呢？会不会像动画片一样有专门吸积水的"保护神"呢？这些问题，也激发了家长、教师的研究兴趣。

二、项目是什么

通过此次项目化学习，了解城市里的雨水、积水排向哪里，了解泵在生产生活中的应用及城市中设置雨水泵站的作用。

三、项目做什么

（一）项目目标

（1）认识泵站，了解泵在生产生活中的应用及雨季来临时，泵在城市防汛、城市排水中的应用，城市设置雨水泵站的作用。

（2）绘制郑州市城市泵站工作流程图。

（3）增强雨中的安全意识，树立保护自己、保护他人的观念。

（二）困难与挑战

了解城市防汛工作由哪个部门负责，了解积水排放的相关知识。

（三）涉及学科知识

涉及学科知识思维导图，如图1所示。

图1　涉及学科知识思维导图

四、项目怎么做

（一）谁来做

我们组建了由专家、教师、学生组成的研究团队。

（二）怎么做

为了掌握普通市民对城市防汛相关内容的了解程度和郑州市城市防汛的实际情况，研究小组通过问卷调查、查阅资料、实地参观、采访等形式开展了丰富多彩的调查研究活动。

1.收集资料

为了了解城市积水到底是如何排放的，雨天路面积水又排去了哪里，小组成员分工合作，通过网络、图书等多种形式收集资料。可面对专业性文字，小组成员对城市防汛及"泵"的相关知识仍是一头雾水。为此研究小组决定求助他人，来帮助解决困惑。

2. 调查问卷

为了调查人们对城市防汛、泵站的了解和关注度，成员们以小组讨论的形式确定了 15 个调查问题，以此问题为主线，开展线下实地调查。同时，制作了线上问卷调查，利用微信群、朋友圈等形式广泛地开展问卷调查。所收回的 378 份有效问卷结果显示，普通市民对这个问题都不太了解，看来需找更专业的人士寻求答案。于是在父母的帮助下，研究小组与城市防汛相关部门取得了联系。

3. 实地参观

在家长的帮助下，研究小组来到了郑州市泵站运行管理中心，如图 2 所示。通过实地观看，了解到泵站设施在城市防汛中发挥的重要作用。小组还参观了金水路立交泵站，初步观察泵站设施情况，直接感受泵站抽升的威力。

图 2　参观金水路立交泵站

4. 手绘郑州市城市泵站工作流程图

研究性学习后，专家与教师指导学生共同绘制完成了郑州市城市泵站工作流程图，如图 3 所示。

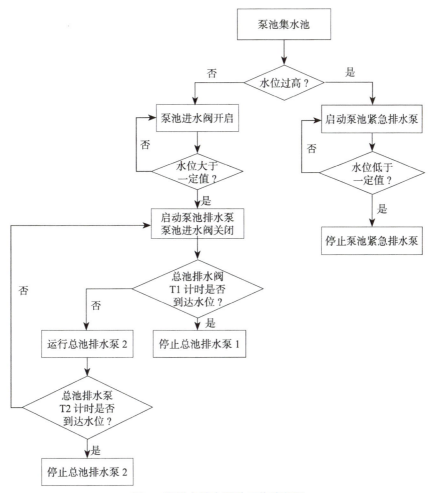

图 3 郑州市城市泵站工作流程图

5.项目成果展示

此次研究性学习结束后，研究小组在全校进行了项目展示活动。他们还将项目调查结果以演讲、主题汇报的形式向同学普及城市防汛的相关知识。在活动中，以案例的形式为同学们讲解了在雨天出行面临的危险情况，例如，在路面积水较多时，尽量避免走积水较多的地方，预防积水中有下水道排水口或者阻挡物；如果雨下得特别大，找一个地势比较高的地方避雨，不要在低洼区域或者涵洞下躲雨。通过案例分享，号召同学们一起行动起来，增强雨天出行的安全意识，树立保护自己、保护他人的观念。

五、项目做得怎么样

（一）研究结论

经过研究小组调查研究得知，城市防汛是一项综合性工程。城市里的雨水最终会经过泵站处理排入地下管道。泵被称为城市防汛的主力军，保障了城市安全度汛。

1. 城市排水泵站

郑州市共有 43 座雨污水泵站，其中雨水泵站 29 座。雨季来临时，这些泵站就像盘踞于城市各个角落的卧龙，张开大嘴，以最大的力量，迅速、及时地将城市所存积水统统抽走，排入地下管道，以此来保障我们的出行安全，它们就是我们城市中隐藏的"保护神"。

2. 认识泵

每年无论是雨季高发期，还是其他时间，郑州市市政部门都全天候不间断地坚守、保障设施正常运行。泵站中的泵因其神奇的处理积水的能力，被称为城市防汛的主力军。

3. 树立安全意识

在雨天，尽量避免走积水较多的地方，不要在低洼区域或者涵洞下躲雨。

（二）活动交流

研究小组把看到的泵站结构及排水管道图照片分享给同学们，同学们纷纷感叹城市排水设施的进步、泵站抽排能力的强大。

（三）获奖情况

此研究项目获得郑州市中小学生研究性学习成果二等奖。

六、项目评价与反思

（一）项目评价

"神奇的泵"评价量表

项目	A	B	C
团队合作	有组织能力，表达能力强，善于沟通；思维活跃，大胆提出有价值的见解；认真听取和采纳同学的意见和建议，积极协调小组开展工作	有表达能力，主动沟通，主动配合同学，帮助同学；能听取同学的意见和建议，主动协调小组开展工作	能够表达和沟通，能配合同学开展小组工作，但不愿听取别人的意见和建议
资料收集	非常熟练利用图书馆和互联网，能收集并归类整理与"泵"相关的大量信息，能通过调查访问完成调查表相关内容	能较好地利用图书馆和互联网，收集并归类与"泵"相关的信息。通过调查访问，能较好地完成调查表相关内容	能用互联网收集部分与主题相关的信息，不能归类整理。调查表访问完成情况不足
学会采访	能很好地组织语言与采访对象交流，正确、清楚地表达自己的采访意图，能够注意并遵守基本的采访礼仪，整理采访记录及时，获得正确结论	能较好地组织语言与采访对象交流，能较完整地表达自己的采访意图，能遵守部分采访礼仪，记录较详细	能与采访对象交流，较正确地表达自己的采访意图，对采访礼仪不太了解，记录不全面
成果展示	研究成果达到预期目的，并且能够通过演讲、分享、汇报多种形式将本次"泵"的相关结论展示出来，具有新意和较强的推广性	研究成果基本达到预期目的，成果表现形式较合理，对于"泵"的展示与讲解比较清晰	研究成果尚可，基本能把"泵"的相关知识通过文字信息呈现出来

（备注：A——非常优秀，理想状态。B——优秀，满足要求。C——略有不足）

（二）项目反思

通过这次研究性学习，小组成员了解了很多有关神奇泵的秘密，同时也对本次活动进行了以下反思：

牛紫帆同学说：在这次研究性学习过程中，我克服了胆小、不敢与陌生人主动交流的缺点，能自己独立完成调查访问的任务，看到了自己的进步，我很开心。

任宸瑜同学说：在这次研究性学习中，从选定研究主题，到讨论具体的实地考察路线，再到参观学习，每次我们都及时写出心得体会，最后我们又撰写了研究性学习报告。在此过程中，我们收获颇多。

李文远家长说：在此次学习活动中，孩子们选取身边的问题作为研究主题，并进行了一系列研究活动，他们在研究过程中表现出来的思考力、合作力让我感到惊喜。

路琰炳老师说：在长达 2 个月的时间里，学生基于自己的项目不断深入探究学习，表现出对事物极大的好奇心。在实践活动中，学生将学科知识与体验性知识、课内知识与课外知识有机结合，学习方式得到改变，语言实践能力得到提升，情感价值观得到培养。

七、参考文献

[1] 温儒敏 . 语文三年级上册 [M]. 北京：人民教育出版社，2019.

[2] 苏阳，王海涛，康晴 . 谈台儿庄泵站工程在城区防汛中的作用 [J]. 山东水利，2020.

[3] 陈小宝 . 小学生行为习惯养成教育的实践与思考 [J]. 科学咨询，2020（8）：197.

[4] 李万瑞 . 小学 STEM 教育的实践性探索 [J]. 教育革新，2020（7）：197.

[5] 凌亦 . 让学生在身边科学中学习和探索 [J]. 小学科学（教师版），2019（10）：197.

学校名称：*郑州市金水区文源小学*

小组成员：*任宸瑜　杨涵雯　牛紫帆　李文远　邵智恩*

辅导教师：*黄延颖　路琰炳　陈　珂　高　蕾*

神奇的麦芽糖

一、项目是怎么产生的

假期的时候，王嘉熠同学在电视节目上看到了热播的纪录片《舌尖上的中国》，其中有一个系列对糖进行了大篇幅的介绍，因为她爱吃糖，所以对糖产生了浓厚的兴趣。经过与妈妈的交流，她了解到长辈在小时候因为对糖果的渴望，会自己制作糖。这样的经历极大地激发了她的兴趣，并决定组建一个小组，对麦芽糖的制作过程进行真实还原，来一场"记忆传承"与"忆苦思甜"的活动体验。

二、项目是什么

项目目标是了解并成功制作出麦芽糖。要想做成这件有趣的事，需要深入了解麦芽糖：麦芽糖是什么？它是怎么做出来的？麦芽糖的制作工艺可以推广吗？

三、项目做什么

（一）项目目标

（1）还原麦芽糖的制作方法。

（2）调查大家是否喜欢麦芽糖。

（3）探究麦芽糖的工艺是否能推广。

（4）探究麦芽糖能不能多吃。

（二）困难与挑战

（1）亲身体验制作麦芽糖的工艺过程。

（2）传承麦芽糖的制作工艺。

（三）涉及学科知识

涉及学科知识思维导图，如图1所示。

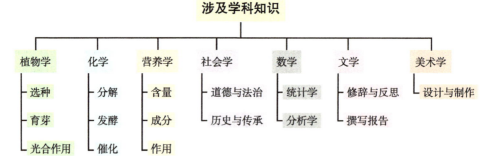

图1　涉及学科知识思维导图

图2　小组合作

四、项目怎么做

（一）谁来做

"一个篱笆三个桩，一个好汉三个帮。"团队的力量是强大的。于是，王嘉熠同学找感兴趣的小伙伴一起来做这件有趣的事情，如图2所示。

（二）怎么做

1. 收集信息

通过百度搜索和图书馆查阅资料，研究小组收集到了关于麦芽糖的详细资料，其中包括麦芽糖制作方式、成分、别称、分子量及化学式、密度、熔点、沸点、闪点、形状、用途等，研究小组从中提取出了对研究有用的信息。

2. 实地考察

小组成员先后到农贸市场、超市及粮油市场等地方寻找合适的麦芽种子，如图3所示，但发现市面上所出售的大多是熟种，不能培育出种芽。经多方询问，最终在药剂师的引导下在药房购买到了合适的麦芽种子。

图3　挑选适合育芽的麦芽种子

3. 制作实践

第一阶段：生麦芽。观察大麦种子，并称取 100 克的大麦种子。大麦和小麦的样子差不多，中间鼓，两头尖，没什么味道，放在手里觉得硬硬的。从浸泡种子开始观察 24 小时大麦种子的变化；从浸泡种子开始观察 120 小时大麦种子的变化。

第一阶段实验小结。夏天温度偏高，如果种植在盘内的大麦种子密度过大，空气不流通，容易使其发霉变质、长毛。此阶段研究小组得出的结论是：在麦芽生长过程中，一定要勤换水，同时加强光照和空气流通，麦芽才能长得好。麦芽长到 3~4 厘米即可，此时把麦子放进口中，麦子里面为一兜发甜的液体，这就标志着麦芽生成成功。

第二阶段：煮糯米并发酵。

（1）组员们到超市独立完成糯米的识别、挑选、称重、缴费等一系列食材选取过程。

（2）把买回来的糯米洗净、浸泡、煮熟。

（3）把麦芽洗干净，切碎，放入料理机里搅拌。

（4）把煮好的糯米和打碎的麦芽用木铲搅拌均匀并发酵。

第二阶段实验小结。此阶段得出结论：第一，糯米浸泡的时间可以稍微长一点，要用水把糯米浸泡至容易搓碎。把米煮熟后，放到盆里自然放凉至摄氏 50 度，不可以放进冰箱冷藏。第二，将麦芽与米搅拌均匀保持温度在摄氏 30~50 度，发酵 4~5 小时，我们这时候可以观察到米的形态，它基本上已经成空壳了。尝一下汤液，是甜的，这说明发酵成功了。

第三阶段：熬制。

把发酵好的汤液进行过滤，只取过滤的清液，然后澄清，再取清液进行熬制。先大火熬制 1 小时左右，汤液刚开始发白，随着温度的升高，颜色变稍淡，再中火熬制半小时，颜色逐渐变黄，直至最后变成深黄色，此时汤液已经开始出现粘连状态，再小火熬制成黏稠状即成功。

第三阶段实验小结。此阶段研究小组得出的结论是：汤汁的熬制是一个长时间的过程，因此需要有非常大的耐心，从开始的清液到黏稠状，麦芽糖大概需要 2 个半小时，看着汤汁从白色逐渐变黄再到深黄，最后熬制成黏稠状。我们体验了传统农耕时代原始的制糖方法，也感受到不同食材相遇后的神奇变化，更为自己熬制了一瓶甜甜的健康美味而开心。

4.邀请专家评价讲解

在教师和家长的帮助下，研究小组有幸邀请到毕业于河南中医药大学的主治医师杨伟超，杨大夫围绕麦芽糖的物化信息、制作方法、营养知识、医学价值等给组员们进行讲授。讲授期间，他针对研究小组成员制作麦芽糖的步骤和成品进行了点评，并详细回答了研究小组关于"麦芽糖能不能多吃"

的提问，使得"神奇的麦芽糖"项目学习成果更加完善。

5. 调查问卷

在项目指导教师母彩娥的带领下，研究小组成员设计了学生版"神奇的麦芽糖"调查问卷和家长版"神奇的麦芽糖"调查问卷。小组成员利用课余时间对班级学生进行了现场调查和采访，同时通过班级微信群对学生家长进行了网络调查。

五、项目做得怎么样

（一）研究结论

研究小组从多方面进行了深入细致的研究和实验，制作了 1~5 号不同口味的麦芽糖。研究达到了既定的项目目标，并得出以下结论：

1. 复原麦芽糖的制作方法

通过小组协作，还原了麦芽糖制作的工艺，并成功做出了麦芽糖。与此同时，通过实践用不同比例的原材料可以制作出不同口味的麦芽糖。

2. 调查大家是否喜欢麦芽糖

通过问卷调查得知同学们很喜欢麦芽糖，喜欢第一瓶麦芽糖口味的比例高达 83%。

3. 探究麦芽糖制作工艺推广的可行性

经过调查研究，研究小组得出麦芽糖工艺可以推广，其中用亲子活动及科学实践的方法推广更容易让人接受。

4. 麦芽糖能不能多吃

经过小组成员调查研究和杨医生的回答，了解到虽然麦芽糖有一定的营养价值，但主要成分是糖类，过多摄入糖类对身体是有害的，因此不能过多吃麦芽糖。

（二）获奖情况

（1）研究成果在班级进行了分享，得到了同学们的认可，小组成员成为班级科学发明小明星。

（2）"神奇的麦芽糖"获得郑州市中小学生研究性学习成果一等奖。

六、项目评价与反思

（一）项目评价

"神奇的麦芽糖"评价量规

项目	一般	良好	优秀
实践探究	无分工，无密切配合，任务由较少组员完成；调查过程不清晰，不能很好地阐述及解决所发现的问题	有基本的分工，但合作有时不顺畅；调查过程较为清晰，方案步骤实施有一定顺序，能较好地阐述及解决发现的问题	有明确分工，步骤清晰，合作效果良好；调查过程清晰，方案步骤实施有序，实践过程明确、有条理，完美地阐述及解决了所发现的问题
生麦芽操作	没有挑选到合适的麦种，或者在生麦芽的过程中没有按照步骤进行，麦芽不发芽	生麦芽没有严格按照步骤进行，麦芽部分发霉变质、长毛，无法使用	生麦芽步骤正确，生出来的麦芽优质，可以正常使用
麦芽糖口感	口感粗糙，味道不佳，难以入口，大多数人不喜欢	口感较佳，味道较为甜美，口味相对独特，适合大多数人口味	口感细腻，味道甜美，口味独特，适合大众口味
汇报展示	逻辑顺序不清晰，语言用词不恰当，照片素材少，不能完整反映活动过程	汇报逻辑顺序较为清晰，语言简练不拖沓，照片能完整反映过程，内容比较吸引人	汇报逻辑顺序清晰，表达言简意赅，用词恰当，照片清晰并符合情景，重难点突出，吸引人

（二）项目反思

在这个项目中，研究小组通过资料收集与查找、实践与探究、数据统计与分析、问题总结，完整地还原了麦芽糖制作的整个工艺流程，成功地制作出了不同口味的麦芽糖，在分享过程中受到了同学们的肯定与赞扬，这种经历很有意义。

牛芊易同学说：原来好吃的麦芽糖是这样做出来的呀，好有趣，我好喜欢大麦口味的，我也想自己做出来。孟琳然，你能教我做麦芽糖吗？我可以加入你们的实践小组吗？

连子雯同学说：我喜欢制作的过程，大家在一起好热闹。这个实践周期只在一个星期之内，麦芽糖小组分享了详细的流程与注意事项，我觉得收获很大。

孟琳然同学说：通过这次研究实践，我了解到怎样去做一个实验，怎样更好地去进行小组协作。同学们这么喜欢我们做出来的麦芽糖，让我收获了成就感和满足感，对研究实验有了更大的兴趣，非常感谢老师和小伙伴们的帮助。

母彩娥老师说：实践是检验真理的唯一标准，回想孩子们上网查资料的专注神情，期待麦芽发芽的渴望之情，动手制作忙得不亦乐乎的情景，我觉得内心有一种悸动，教育不仅仅是知识的传授，更是兴趣的培养及点燃探索的求知欲。

王征家长说：当我品尝孩子们制作出的麦芽糖时，味蕾瞬间点燃了我儿时的记忆，让我想起当年追逐在田野上奔跑伙伴的情景，一幅幅模糊的画面渐渐清晰……孩子们，你们真的很棒，为你们点赞！

杨伟超专家说：科学并不遥远，它其实就在我们身边，只要你拥有善于发现它的眼睛，拥有不断思索和刨根问底的精神，就一定能从中发现令你惊喜的秘密。几位小朋友身上呈现出的蓬勃向上、追逐科学的精神，让我想到当年的自己。加油吧，少年，这世界终将属于你们。

七、参考文献

[1] 储刘生 . 天然保健品——桑叶桑葚麦芽糖制作技术 [J]. 科学种养，

2017（11）：59-60.

[2] 吴佐建，廖姣 . 以"麦芽糖"为主题的研究性学习活动设计 [J]. 中学生物学，2015（10）：41-43.

[3] 张奕民 . 麦芽糖制作工艺 [J]. 农家顾问，2009（8）：58.

[4] 成茹 . 麦芽糖的制作方法 [J]. 农村·农业·农民，1999（3）：23.

学校名称：郑州市金水区纬三路小学

小组成员：王嘉熠　孟琳然　张诗悦　黄宸欣尧

辅导教师：王小蔷　母彩娥　张丽红

关于自制瓜豆酱的实践研究

一、项目是怎么产生的

学校周围有特别多的农家饭店，是亲朋好友聚会首选的地方，"农家"代表着一定的饮食文化，顾客到店必点的烙馍蘸酱是这些农家饭店的特色之一。刚蒸好的热馒头，配上炒熟的瓜豆酱，很美味。学生也有这样的感受，于是决定成立小组来研究这么受欢迎的瓜豆酱是怎么制作的。我们产生了制作具有特色的瓜豆酱的念头。

二、项目是什么

通过自制瓜豆酱，掌握制作技巧，在同学中进行制作方法的展示、推广，并利用放学或者假期进行瓜豆酱售卖，让更多的人品尝到农家的特色，提高农家乐的知名度，促进农村的经济发展。

三、项目做什么

（一）项目目标

（1）了解瓜豆酱的制作方法。

（2）学会制作瓜豆酱，掌握制作瓜豆酱的技巧。

（3）宣传、推广瓜豆酱。

（二）困难与挑战

掌握制作瓜豆酱的技巧，成功制作瓜豆酱。

（三）涉及学科知识

涉及学科知识思维导图，如图1所示。

图1 涉及学科知识思维导图

四、项目怎么做

（一）谁来做

美食的诱惑是无法抗拒的，班里有好几个同学对瓜豆酱的制作感兴趣。俗话说，众人拾柴火焰高。经过讨论，他们决定成立项目小组，依靠团队的力量来完成这次活动。为了保证活动的效果，孩子们特邀请有制作瓜豆酱经验的教师进行指导。

（二）怎么做

教师指导学生制订活动方案，共分四个阶段。

（1）收集资料。通过不同渠道收集瓜豆酱的制作方法，优化整合瓜豆酱的制作方法。

（2）动手制作。根据实践过程中遇到的问题进行讨论、研究，寻找解决的办法，总结制作瓜豆酱的技巧，同时做好日志记录和过程资料的收集，如图2、图3所示。

图2　捂豆　　　　　　　　　　　图3　搓豆

（3）成果展示。小组成员把制作瓜豆酱的过程、方法、收获、成果进行展示。

（4）活动延伸。为了让更多的人品尝到农家的特色，提高农家乐的知名度，促进农村经济的发展，师生利用假期到社区推广售卖瓜豆酱。

五、项目做得怎么样

（一）研究结论

（1）研究小组不仅了解了多种瓜豆酱的制作方法，掌握了传统手工制作瓜豆酱的技艺，品尝到了他们自制的瓜豆酱，还懂得了泡发、蒸煮、自然发酵这些科学知识。

（2）通过这次项目实践活动，小组成员也明白了农家手工瓜豆酱受欢迎的原因。除了沿用自然古法，工序复杂、严谨，味道正宗、醇香，它还可以勾起许多人的回忆。来农家乐吃这道菜的人更多的是在吃"回忆"，念乡情，吃的是家的味道。

（3）研究小组一定会把手工瓜豆酱这一古法延续下去，同时还要把农家乐的亲情牌打好，让每个到农家乐的人感受到"回家"的感觉，以留住更多的客人。

（二）获奖情况

功夫不负有心人，经过半年的探究实践、合作努力，本项目获得了金水区研究性学习一等奖。

六、项目评价与反思

（一）项目评价

"自制瓜豆酱"评价量规

项目	合格	良好	优秀
探究过程	围绕"制作瓜豆酱"这一活动任务，采用多种方法收集制作瓜豆酱的资料，小组内缺少交流	围绕"制作瓜豆酱"这一活动任务，制订合理的活动方案，并能有序地开展活动	在进行瓜豆酱的制作过程中，能提前预设一些问题，并预设解决的方法，小组协作共同解决问题，完成任务
制作过程	不一定能制作成功，但能根据收集的瓜豆酱的制作方法进行反思改进	能成功制作瓜豆酱，并能将制作过程进行记录，形成一定的经验	能成功制作瓜豆酱，并用多种形式记录制作过程，积累较丰富的经验
成果推广	能以"图片＋语言"的形式呈现小组制作瓜豆酱的过程，展示内容较简单	能以"图片＋语言"等形式呈现瓜豆酱的整体制作过程，呈现内容不够吸引人	能以"图片＋语言"等形式多样地展示小组在瓜豆酱研究项目中的丰富成果，吸引人，有亮点

（二）项目反思

在这次自制瓜豆酱的过程中我们实践着、成长着、收获着。

冯欣果同学说：这是一个好玩的项目，我不仅了解了瓜豆酱的不同做法，还学会了亲手制作。以后我可以帮助妈妈做瓜豆酱啦！真是开心极了！朋友们，如果你来黄河边游玩，可以品尝我亲手制作的瓜豆酱哦。

郑宇航同学说：这次活动不仅让我品尝了美味，更让我感受到了集体的智慧、合作的力量。在第一次制作时，我们的瓜豆不仅长毛还臭了，我都没有兴趣了。小组长鼓励我们说："从哪里跌倒就从哪里爬起，三个臭皮匠还顶个诸葛亮呢！"在他的带领下我们拍照、询问、重新制作，功夫不负有心人，我们果然成功了！连爸爸妈妈都夸我们是小小研究家。

杨意爽的妈妈说：我原想着孩子们就是闹着玩的，没想到他们竟然做成了，一些老顾客反映比以往的瓜豆酱还好吃呢。真不知孩子们还有这本事。

李霞老师说：在成果展示时孩子们拿出了有关瓜豆酱的制作日记、采访小视频、调查问卷、收集的资料和制作的照片……看得出他们收获了好多好多，尤其是他们还将瓜豆酱放置在玻璃瓶里，贴上标签，写上食用方法，并制作了一些广告语，还尝试在自家的农家乐售卖。这种做法让家人吃惊，他们还想到了更多改进农家乐餐饮的好方案，孩子们变得爱思考了，真让我倍感欣慰。

学校名称：金水区龙子湖第四小学

小组成员：冯欣果　郑宇航　李笑颜　杨意爽　杨家耀　郑晨曦

辅导教师：曹丽萍　李　霞

纸上得来终觉浅　绝知此事需躬行

2012年6月1日，国家发改委副主任杜鹰在对外正式发布《中华人民共和国可持续发展国家报告》接受记者采访时指出："当前和今后一个时期，我国进一步深入推进可持续发展战略的总体思路。其中一方面要把建立资源节约和环境友好型社会作为推进可持续发展的重要着力点，我们还要深入贯彻节约资源和环境保护这个基本国策，在全社会的各个系统都要推进有利于资源节约和环境保护的生产方式、生活方式和消费模式，促进经济社会发展与人口、资源和环境相协调。"

2017年10月18日，习近平总书记在党的十九大报告中强调，建设生态文明是中华民族永续发展的千年大计。必须树立和践行"绿水青山就是金山银山"的理念，坚持节约资源和保护环境的基本国策，像对待生命一样对待生态环境，统筹山水林田湖草系统治理，实行最严格的生态环境保护制度，形成绿色发展方式和生活方式，坚定走生产发展、生活富裕、生态良好的文明发展道路，建设美丽中国，为人民创造良好生产生活环境，为全球生态安全做出贡献。

保护环境是国家的重要战略方针。在学生的教科书中，语文、道德与法治、地理等学科都渗透着相关知识，教育学生从自身做起保护环境，并用实际行动影响身边的人，做保护环境、改善环境的小卫士。关于人与自然、人与社会和谐发展、身心健康、绿色生活方式等主题，都是学校德育工作的重中之重。不少学校经常结合少先队活动、实践活动、社团活动等开展相关的教育，引导传授学生与社会、自然和谐相处的模式，以可持续发展的理念看待发展、创造生活。

"郑州市机动车限行对空气质量的影响研究"来自几个二年级的孩子们，他们的项目主题来自真实的生活，显示出孩子们的天真与好奇及强烈的求知欲。首先，面对这样一个专业性很强的研究，孩子们的爸爸妈妈给予了极大的支持，帮助他们走进实验室、走进医院、走进工地，让孩子们开阔了视野，增长了见识，得到的是一系列专业的体验和收获。当孩子们得出"汽车尾气只是影响空气质量的其中一个因素"的研究结论时，孩子们科学探究的意识就形成了。其次，孩子们能够根据自己的理解、发现的问题、环境的需要进行大胆创想，设计减少空气污染的模型来解决问题。孩子们保护环境、创造美好生活的行动随着活动而升华。

"制作垃圾分类游戏手册"也是几个小不点的研究成果，他们当时正上三年级，在教师、家长的协助下，经历了设计思维导图、采访出版社专家、亲自绘制内容、收集与裁剪图片、制作小卡片、录制视频等过程，感受到了制作或出版一本书的过程没有自己想得那么简单，原来需要那么多程序。最重要的是孩子们在收集资料过程中进一步认识了垃圾的分类、不同垃圾的危害及科学的处理方式，增长了知识，积累了经验。尤其是孩子们多次参加成果推广活动，宣传垃圾如何分类、分类的好处，并用讲解的形式、垃圾分类游戏等吸引更多的人了解垃圾分类的知识和重要性，并践行垃圾分类。这样的活动不仅起到了一定的宣传作用，更是触动了孩子们的心灵。

"墙体文化在城市美容美化中的作用"产生于孩子们善于发现的眼光。墙体文化反映了郑州这座城市越来越美观，彰显了城市的文化和细节，同时也无声地影响着人们要爱护城市，保护城市环境，让城市越来越美丽。在这样的环境下，孩子们为了让更多的市民感同身受，发现这份美丽，尊重这份劳动成果，他们开启了调查、宣传、设计墙体文化等活动。他们从身边小事做起，让校园变得更加美丽。他们将墙体文化创想运用到美化校园操场的井盖上，让它变成一种点缀的美，这也是一份小小的责任和收获吧！

"郑州市共享单车使用现状的调查"这份研究项目始于2017年，郑州市共享单车使用的第一年，当时大人和孩子们都带着一分好奇和憧憬——"骑上它，去我想去的地方"。尤其是小学生，由于没有手机，他们无法扫码开锁，无法使用，但他们对此充满好奇，去观察，去琢磨。后来当他们发现共享单车乱停乱放，还有不少损坏的车被扔在马路边时，孩子们将好奇转向一份对社会的责任，开启了共享单车使用现状的调查和研究，用数据说明存在的问题，然后宣传和倡议规范使用、爱护公共财产，树立起公德意识，成为有责任感的合格公民。

"揭开芦荟胶的神秘面纱"是一项涉及动手操作和实验对比的研究项目，在教师的指导下，学生拿真芦荟和芦荟胶做实验进行对比，将其成分进行对照，得出结论，来印证自己的猜测是否正确。这个项目的亮点在于教师和学生一起做实验，实验过程科学、严谨，而且多次实验，以得出科学的结论。教育一直强调培养学生的科学精神、求实精神，孩子们在这个过程中不断探索，他们各方面能力得到了充分的锻炼，这才是最重要的。

"河水的秘密我知道"研究的是河水的污染和生态环境。熊儿河是郑州市最古老的一条河流，它曾被污染成臭水沟，现在被治理成一条观景河，不仅为郑州增添了美丽，更是净化了空气，为市民提供了游玩散步的好场所。这条河的历史值得每个人去了解，并且去保护它。一些小学生对这条河的水质产生了好奇，由此开始了调查和研究。"保护环境"，不是喊口号，需要将之付诸实践，孩子们在活动中已经体悟到了！

"神奇的泵"项目涉及专业性很强的知识和考察探究。指导教师付出了不少心血，如联系专业人员进行讲解、带领学生到专业的场所进行参观、指导学生学画导图等，这让孩子们不仅了解了关于城市污水、雨水排放等书本上没有的知识，还感受到这些工作人员的责任和付出。当郑州2021年7月20

日面临大暴雨时，参与过这个项目研究的孩子会想起城市排水结构与运行等相关知识，也会感激许多工作人员为城市的付出。

"神奇的麦芽糖"项目主题涉及食品以及非遗文化的传承与发展。通过这个项目，学生不仅了解到麦芽糖的制作过程，还知道了它是非遗项目。这个项目主题与食品有关，我们能猜想到学生会研究麦芽糖的糖分对牙齿会不会有影响，但没有想到学生在研究的过程中能够提出非遗文化以及传承的问题。中国文化源远流长，博大精深，学生能够从一样"食物"的研究，延伸到对非遗文化的了解以及感悟，这样的研究项目"以小见大"很有意义。

"关于自制瓜豆酱的实践研究"这一项目被放到这一章，原因是它涉及经济的可持续发展。这一项目的产生背景是郑州市黄河岸边的"农家乐"。这里孩子的视野和城市孩子的不一样，他们关注更多的是家庭文化带给他们的感受，黄河文化和大自然带给他们的乐趣。孩子们能够将其作为研究对象，并且尝试着动手制作一份瓜豆酱，这将会成为他们难以忘记的经历，而且他们还能想到创新产品，这样的项目研究有深度，会带给孩子们丰富的成长经历。

马克思在《关于费尔巴哈的提纲》中指出："人的本质并不是单个人所固有的抽象物。在其现实性上，它是一切社会关系的总和。"小学生应该从一些小事做起，参与到环境、社会、自然的保护和建设中，发现环境中存在的问题并进行改造，将口号变成行动，用行动感染自我及他人，只有担起社会责任，才能担当起未来！这些研究项目是一场场深刻的沉浸式、体验式、发现式、探究式的真实情境下的深度教育，这种教育是无形的力量，见证了"纸上得来终觉浅，绝知此事需躬行"的真谛！

河南省实验小学校长　王献甫

第二篇

技术与个人

　　马克思说，生产使我们变成独一无二的人类。技术的革新是指在永无止境的生产中开发新技术和工具。新时代更需要技术的更新、迭代，才能顺应人类的生存，创造美好的未来生活。从小培养学生在一定情景下的技术创造与生产能力，提高某个领域的专业技术设计能力，形成能够解决一定问题的技术或能力，这不仅是个体文化或文案创作的代表，更是促进社会发展的重要支柱。

阳光农场微风发电的探究和实践

一、项目是怎么产生的

近年来大气污染较为严重，通过学习学生了解到石化能源在使用时会排放大量的有害气体，是造成大气污染的重要因素，所以清洁能源的开发和利用显得尤为重要。学生学习过物理的力学、电学知识后，提出有必要为我校阳光农场发明一台小型发电机。这个提议非常有意义，具有挑战性，我们几个教师也决定和学生一起来研究、创造。

二、项目是什么

本项目是设计并制作一个适合在学校阳光农场使用的小型微风发电机，为农场提供清洁能源，展示环保理念。

三、项目做什么

（一）项目目标

（1）设计小型微风发电机。

（2）在阳光农场组建微风发电机，利用微风发电。

（二）困难与挑战

（1）知识方面：学生对发电机的原理了解尚浅，还需要更多的知识。

（2）技术方面：学生以前没有使用过电工工具，动手能力不足。

（三）涉及学科知识

涉及学科知识思维导图，如图1所示。

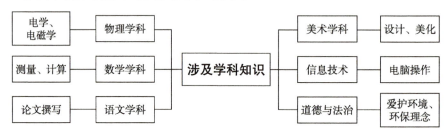

图1 涉及学科知识思维导图

四、项目怎么做

（一）谁来做

在赵培红老师的支持下，学生自主组建了学习小组，成员有:冯美杰、曹原、黄思奇、任欣宇、袁书珍、樊靖僖。赵培红、郭鹏飞和张艳英是项目指导教师。

（二）怎么做

1.收集资料

通过收集资料，研究小组知道了风力发电机包括两大部分：一部分是风力机，将风能转换为机械能；另一部分是发电机，将机械能转换为电能。现有的风力机有水平轴式和垂直轴式两种，结合具体情况，研究小组决定研究垂直轴式微风发电机。

2.实地考察

师生考察了郑州周边山区的大型风力发电设备，发现它们比较重，运输成本非常高。在学校农场有限的场地，应该尽可能选择占地空间小一些的小型风力发电机。学校处于城市，周围高楼林立，风没有那么大，所以如何设计制作微风发电机是研究小组的研究目标。

3. 专家采访

学校退休教师王玉贵一直致力于绿色能源的开发研究，还曾获得过相关的专利，我们邀请王老师到学校给学生讲解风力发电机的分类和不同类型发电机的优缺点。

4. 设计风机模型

在教师指导下，学生完成了风机模型设计图，如图2所示。

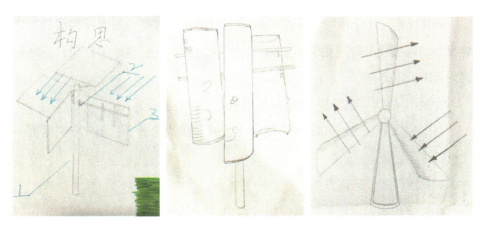

图 2　风机模型设计图

5. 制作模型

根据设计图，小组设计了三种风机模型：

第一种为风板模型，四片风板在风的作用下推动横轴，从而带动竖轴转动，风板比较灵活，如图3所示。

第二种为U形槽模型，把易拉罐竖直剖开，就是两片扇叶，凹的一面遇风受力面大，产生的动力较大，保证了该风机不容易逆转，如图4所示。

第三种为传统的扇叶模型，同学们制作这个是为了与前两个模型进行对照，如图5所示。

图3　　　　　　　　　　图4　　　　　　　　　　图5

6. 模型测试

研究小组对3个模型一一进行测试，根据测试数据，发现在相同的风速情况下，风板模型转速更快，竖轴产生的扭力更大。经过小组讨论，最终选定方形风板模型。

7. 制作风机，组装第一代微风发电机

在学校总务处成红和阳光农场负责人胡永斌的帮助下，研究小组的第一代风机组装完成。

8. 发现问题，完善方案

在第一代风力发电机投入使用过程中，研究小组发现第一代风力机对风力要求比较高，偶尔会出现逆转。经过讨论，决定从两个方面来完善设计。

一是没有充分考虑农场围墙等建筑的影响，主轴设计偏低，所以将主轴加高50厘米；二是固定轴对风向改变时的反应较迟钝，所以更换了活动轴。

9. 制作第二代风机，组装第二代风力发电机

经过研究与实际测试，第二代比第一代风机转速更快，发电效率更高。

通过为期一年的努力，在我校阳光农场，两台风力发电设备同时运行，为农场提供照明，也供同学们进行观察和研究使用。

五、项目做得怎么样

（一）研究结论

1. 如何科学设计与发明风力发电机

设计过程非常重要，这个环节要多花费一些时间。在同学们通过多种途径对发电机有了一定了解的基础上再进行设计会事半功倍；要充分发挥小组合作优势，大家一起设计并论证，选择优秀方案进行下一步的模型制作。研究小组采用了很多方法，如文献法、调查法、研究法、模型法、实验法、论证法、总结法等，多种方法的应用保证了成果的科学性和严谨性。

2. 如何利用学科知识做一项科学研究

初中物理电与磁模块中，发电机的原理学生都学习了，主要是理论学习，也会在课堂上做演示实验。但是亲手制作一台发电机，难度还是不小的。这就需要小组成员有敢于挑战、积极探索的科学精神，有遇到困难不退缩的吃苦精神。最关键的是要在教师的指导下将知识和实验相结合，进行科学探究和验证。如马克思所说，实践是检验一切真理的标准。实践出真知，创造才能改变未来。

3. 保障很重要

项目化学习的过程中，除了需要指导教师的帮助，还需要学校的经费支持，因为设计过程和最后的风力发电机的成品，都需要消耗不少材料，所以得到学校的大力支持，也是取得优秀学习成果的一个保障。

（二）成果展示

成果在 2020 年郑州市校本教研工作推进会上进行展示，获得了参会教师的一致好评。

（三）获奖情况

成果在郑州市中小学研究性学习成果评比中获得一等奖。

六、项目评价与反思

（一）项目评价

"阳光农场微风发电的探究和实践"评价量规

项目	继续努力	良好	优秀
小组合作	能够按照指导教师和小组长的要求，完成自己的任务	组员有一定的分工合作的意识，能完成自己的任务	小组分工明确，各司其职，组长统一协调进度，快速高效地完成任务
解决问题	能够在教师的帮助下解决问题	通过小组讨论或者上网查找资料等方式解决问题	能够独立思考，整合资源，从而解决问题
制作模型	不一定能制作成功，但是能够表述自己的思路	能制作出模型，但有一定的缺陷	能成功地制作出模型，且可以通过试验进行测试
成果展示	能以实物形式进行展示	能展示出实物，并且能够讲解其结构和运转原理	能展示出正在运转的实物，能够清晰地讲解其各个组成部分的结构和原理，以及该项目的整个研究过程

（二）项目反思

成功与失败共存，收获与反思同行。在整个学习过程中，同学和家长、教师都有一些感悟，让我们来看看吧。

曹原同学说：学习了电磁感应之后，我就对磁生电特别感兴趣，虽然原理都懂了，但是亲自参与制作风力发电机还是让我感到非常兴奋，整个过程充满了挑战性。

黄思奇同学说：在初中物理学习过程中，我们学习了很多与生活关系很大的知识，也非常希望亲自动手操作一下。在微风发电设备安装过程中，我们第一次接触很多的电工工具，感到很新奇，收获很大。

任欣宇同学说：这次实践学习巩固了我的物理知识，锻炼了我的合作能力，小组成员一起讨论、画图、做模型，一起分享成功的喜悦，点点滴滴都让我终生难忘。

冯美杰家长说：孩子当了小组长之后，非常有责任心，回到家经常收集相关的资料，还经常与教师沟通，整个过程孩子能够主动参与，非常感兴趣，丝毫没有影响学习成绩，反而进步了，所以我非常支持孩子参加这项活动。

曹原的家长说：孩子以前动手能力很差，在家里什么家务都不做，自从参加这个项目之后，孩子主动要求我给他买工具箱，家里什么东西坏了他都能想办法修好。前一段时间家里买了小书柜，他自己独立组装完成，孩子很有成就感，作为家长也很开心，我很支持孩子继续参加学校的活动。

赵培红老师说：孩子们在物理课堂上学习了相关的知识，但是真正做研究，则需要更多的知识，对他们来说这是一个很大的挑战，但孩子们非常感兴趣，不怕困难，在整个过程中，收获特别大。

张艳英老师说：带着孩子们一起经历了整个研究过程，看着学生们从一开始摸不着头脑，到后来俨然是小专家的模样，可以看到孩子们的成长。尤其是最后我们设计的风力发电机安装完毕投入使用的时候，孩子们欢呼雀跃，我们也为他们感到骄傲。

七、参考文献

[1] 姚兴佳，宋俊，等. 风力发电机组原理与应用 [M]. 北京：机械工业出版社，2020.

[2] 叶杭冶，等. 风力发电系统的设计、运行与维护 [M]. 北京：电子工业出版社，2016.

学校名称：郑州群英中学

专家指导：段立群

小组成员：冯美杰　樊靖僖　曹　原　黄思奇　任欣宇　袁书珍

指导教师：范双玲　成顺利　赵培红　郭鹏飞　张艳英

黄河文化文创产品设计

一、项目是怎么产生的

假期结束，王予天同学在班上分享了她从苏博会带回来的茶包和明信片，茶包上的图案很有文化内涵，和别的茶包不一样；明信片非常雅致，很有江南特色。有同学说，要是我们身边的产品都这样有创意就好了。

于是，教师激发学生选个主题试一试。有学生提到，2020 年央视春晚郑州分会场设立在郑州黄河风景名胜区，在春节这个中华民族最重要的传统节日里，郑州人民以欢腾热烈的表演，彰显九曲黄河奔腾向前、百折不挠、自强不息的磅礴气势！心想能不能将黄河文化融入产品设计中，经过讨论大家决定试一试！

二、项目是什么

想通过探寻黄河历史文化，把黄河文化融入文创产品设计，借此弘扬黄河文化，充分体现中原文化与时代新风新貌。

三、项目做什么

（一）项目目标

（1）了解并学习文化创意产品设计相关知识。

（2）实地参观考察历史遗迹、名胜景区、博物馆，了解黄河文化及黄河流域生态环境，收集体现黄河文化特点的元素。

（3）通过走访专家，了解并学习民俗、非遗相关知识，增强保护传承中华传统文化的意识和决心。

（4）设计、绘制黄河文化文创作品图。

（二）困难与挑战

（1）如何将文化与创意相结合。

（2）设计时同学们擅长将体现黄河文化的元素作为平面图案融入设计，如果将黄河文化元素作为立体造型进行表现则很困难。

（三）涉及学科知识

涉及学科知识思维导图，如图 1 所示。

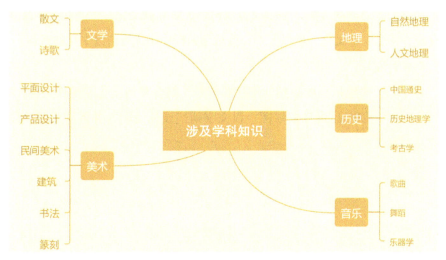

图 1　涉及学科知识思维导图

四、项目怎么做

（一）谁来做

同学们根据自己的兴趣，分别以收集风景名胜、民俗非遗文化、民间艺术、地方美食、艺术藏品、历史遗迹的类别组建不同的小组。

（二）怎么做

1.收集资料

研究小组从以下几个方面收集资料，获得相关知识。

（1）了解文创产品的常识，收集并欣赏我国优秀的文创作品设计。

（2）查找有关黄河流域的历史、生态环境、风土人情、民俗文化，了解黄河流域人民的衣、食、住、行等生活习俗及其演变等。

2.实地考察

在教师带领下，各个研究小组进行实地参观考察黄河博物馆、河南博物院、黄河风景名胜区等，了解黄河流域自然风光、生态环境、地质地貌，感悟黄河文化。

3.走访专家

同学们走访非遗专家，学习非遗知识，了解非遗文化，收集非遗作品并互相交流，感受非遗文化，增强保护、传承和弘扬中华优秀传统文化的意识。

4.设计制作

各个研究小组依据收集到的信息和资料，结合黄河文化和现代文化元素，设计、绘制文创产品设计效果图，以文字阐述设计说明，并备注成品使用的制作材料和尺寸。

五、项目做得怎么样

（一）研究结论

1. 我国文创产品的现状

我国的文创产业发展迅猛，消费者消费水平和审美水平的提高给文创产业带来了巨大的市场。我国文创产品的设计从理念上、形式上都体现出了强烈的民族文化自信心，从内容上继承并发扬了博大精深的优秀传统文化，并在继承的基础上不断推陈出新，创造出了既弘扬中国优秀传统文化，又顺应时代发展的优秀文创产品。同时，互联网的发展使文创产品的销售传播更加便捷。但是一些设计者只重商业性，没有深度挖掘文化内涵，忽视了设计与文化的关系，导致部分文创产品模板化、同质化，缺乏特色且质量低劣。

2. 如何进行文创设计

（1）选定消费人群，研究当今人们的文化需求和生活需求。

（2）挖掘文化内涵，寻找与今天社会生活的对接点，用文化影响人们生活。

（3）确定文化内涵以何种方式（造型、图案、色彩）在作品中呈现，赋予产品不同的意义。

（4）使用不同的设计制作手段，将设计思路呈现出来。

3. 优秀的文创设计应具备的特点

（1）好的创意尤为关键。

（2）设计应注重实用性与审美性相统一。

（3）设计要有文化内涵，设计者应在透彻理解文化之后，再用设计语言表达出来。

（二）成果展示

举办黄河文化文创产品设计大赛，同学们踊跃投稿。评委组老师初选后进行全校展览，同学们通过网络给自己最喜欢的作品投票，部分代表作品如图 2 所示。

作者：**冯心妍**（博雅一班）
【设计说明】
图①为屏风，画上的是黄河第一湾，是母亲河的第一道湾。边框和脚垫用木材，画面用画布或用薄片。双面都要画上黄河让它看起来更加逼真。
图②是皮影戏的烛台，这个皮影戏人物是立体的，用金属来完成。烛台上的蜡烛只用打开盖子就可以更换了。另外盖子上有透气孔，如果蜡烛有香味儿也可以飘出来。
图③普通的U盘。运用了陕西腰鼓的元素。两条丝带可以系到一起来方便使用，可以通过旁边的按钮来保护U盘。

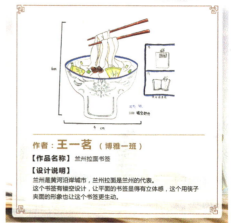

作者：**王一茗**（博雅一班）
【作品名称】兰州拉面书签
【设计说明】
兰州是黄河沿岸城市，兰州拉面是兰州的代表。
这个书签有镂空设计，让平面的书签显得有立体感，这个筷子夹面的形象也让这个书签更生动。

图 2　部分优秀作品展板

（三）获奖情况

根据网络投票结果，评选出同学们最喜欢的作品一、二、三等奖和优秀作品奖，并颁发校级荣誉证书。

六、项目评价与反思

（一）项目评价

"黄河文化文创产品设计"评价量规

项目	优秀	良好	加油
调查研究	调查研究资料丰富、充分，资料分类清晰	调查研究资料较少，资料分类不太明确	调查研究资料很少，资料无分类
创意设计	创意新颖，美观性与实用性相统一。作品中融入的黄河元素能够凸显黄河的历史、文化内涵，造型、图案、色彩能够新颖有趣地传达黄河文化信息	作品能够兼顾美观性与实用性，作品中的黄河元素能够体现黄河的历史、文化内涵，造型、图案、色彩可以传达黄河文化信息	黄河元素在设计中的运用显得生硬、牵强，无法凸显黄河的历史、文化内涵，造型、图案、色彩无法准确传达黄河文化信息
成果展示	小组汇报分工明确，能用PPT、视频等多种形式进行汇报展示。研究过程翔实而充分，设计效果图规范、美观，吸引人	小组汇报有基本分工，PPT汇报展示内容较少，没有重点，设计成果没亮点，不够吸引人	小组汇报分工不明确，不能顺利进行汇报展示，研究过程不充分，设计的成果简单

续表

项目	优秀	良好	加油
作品推广	通过校园官网、公众号、抖音等平台广而告之，将作品进行校内推广和社会推广；通过学校社团将部分作品呈现并制作，走访设计公司定制成品，在学校的大型活动或对外活动中展示宣传推广作品	通过校园官网、公众号、抖音等平台，将作品进行校内推广和社会推广；后期仅在学校社团将部分作品呈现并制作	作品仅在校内展示推广，没有进行社会推广，后期没有将作品制作成品

（二）项目反思

王予天同学说：大家通过合作分工，了解、认识了黄河流域的历史遗迹、地质地貌、生态环境、民俗民风、非遗文化等，大家一起制订目标，一起完成任务。我们在整个过程中拓宽了知识面，感受了中华文化的博大精深。

刘墨涤同学说：我们在学习过程中学习了关于文创产品设计的知识，大家的学习积极性很高，设计出的产品也很有新意。

王予天的妈妈说：这种课程形式能激发学生学习的主动性和积极性，学生在课堂上明确自己要设计的方向和内容，课下围绕目标进行有针对性的学习和探索，学与做能充分结合。

陈瑞敏老师说：这种课程形式将探究与设计相结合，将文化与创意相结合，能够让学生更好地理解、认识、热爱中华民族的优秀文化，激发学生的爱国热情和民族自豪感，提高了同学们的设计创新能力和探究学习能力。

学校名称：郑州市第八中学

小组成员：王予天　刘墨涤　甘　迪　许一诺　张晨悦　闫　铭

辅导教师：刘　莘　陈瑞敏　任素萍　蒋　萌

程序设计视角之数学美探究

一、项目是怎么产生的

传统的数学课堂，由一个个符号、数字构成，有时我们会感到乏味，单调无趣。学生们有感触，他们向教师提出疑问。数学究竟美在哪里？如何才能感受到数学之美？信息技术课堂上，翩翩起舞的小人，千姿百态的图案，都是通过程序设计实现的。我们能不能将传统数学与信息技术相结合，碰撞出火花？教师很欣赏学生能够提出问题并尝试解决与探究，于是这个项目在教师的支持与指导下发生了。

二、项目是什么

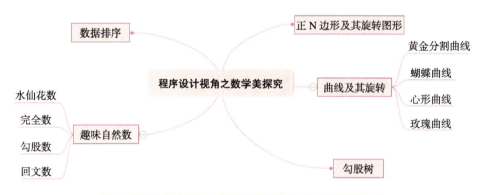

图 1 《程序设计视角之数学美探究》研究手册思维导图

如何站在程序设计视角探究数学之美？有想法就要行动。研究小组认真研究，反复比较，制作了《程序设计视角之数学美探究》研究手册，如图1所示。让更多的同学能体会到数学之美、程序设计之妙。

三、项目做什么

（一）项目目标

（1）通过正多边形及其变幻，黄金分割曲线原理及绘制研究，心形曲线、蝴蝶曲线、玫瑰曲线方程书写及程序实现研究，勾股树原理及绘制研究，趣味自然数（完全数、勾股数、水仙花数、回文数）研究及数据排排坐等专题研究，认识到数学的美感。

（2）从对数学知识梳理、程序设计实现过程中品味数学之美，体会学习程序设计对逻辑思维、编程思维、计算思维提升的影响。

（3）认识科技给人类生活带来的重大影响。

（二）困难与挑战

（1）数学原理的透彻理解。

（2）枚举算法、递归算法原理的领悟与程序设计的实现。

（三）涉及学科知识

涉及学科知识思维导图，如图2所示。

图2　涉及学科知识思维导图

四、项目怎么做

（一）谁来做

说干就干，研究方案确定后，在程小沛同学的号召下，我们组建了研究小组。组员均由数学爱好者和程序设计爱好者组成。

（二）怎么做

为确保项目圆满完成，组员首先进行文献收集，撰写文献综述，设计调查问卷，开展项目研究。研究小组根据内容进行合理分工，每位小组成员负责一个专题，首先进行数学原理探究，然后运用图形化编程平台进行程序设计，最后撰写项目专题汇报。其中，在进行程序设计的过程中，要经历算法设计—流程图绘制—程序设计—程序调试—形成成果五个步骤。

1.设计调查问卷

根据文献研究成果，设计调查问卷，探究初中生的数学美感现状及利用程序设计进行数学美探究的可行性。

2.调查数据分析

针对初中生数学美感现状调查数据和程序设计视角之数学美探究可行性调查结果，进行数据分析，如图3所示。

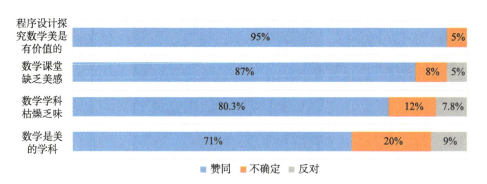

图3　初中生数学美感现状调查表

3.设计内容

（1）正多边形及其变幻。

（2）黄金分割曲线原理及绘制研究。

（3）心形曲线、蝴蝶曲线、玫瑰曲线方程书写及程序实现研究。

（4）勾股树原理及绘制研究。

（5）趣味自然数（完全数、勾股数、水仙花数、回文数）研究。

（6）数据排排坐研究。

4.制作作品

学生根据数学、美学及编程知识进行图形设计，展现程序设计视角下的数学之美，如图 4 所示。

图 4　学生设计的作品

五、项目做得怎么样

（一）研究结论

在研究性学习过程中，小组成员分工合作，有条不紊地开展研究，既提升了能力，拓宽了视野，又点燃了大家对信息技术学科和数学学科的学习兴趣。研究得出如下结论。

（1）正 N 边形是数学的一种基本的图形，指具有 n（正整数 n≥3）条相等边的正多边形。1801 年，高斯证明：如果 n 是质数的费马数，那么就可以用直尺和圆规做出正 N 边形。高斯本人就是根据这个定理做出了正十七边形，解决了两千年来悬而未决的难题。而要想通过程序设计绘制，则需要绘制一条边，旋转 360/N 度，并正 N 边形旋转得到多种旋转图形。

（2）黄金分割的起源要追溯到公元前 6 世纪的古希腊数学家毕达哥拉斯。黄金分割数有许多有趣的性质，人类对它的实际应用也很广泛。最著名的例子是优选学中的黄金分割法或 0.618 法，是由美国数学家基弗于 1953 年首先提出的，20 世纪 70 年代由华罗庚提倡在中国推广。黄金分割曲线的绘制是绘制多段四分之一圆弧，且后一段圆弧半径是前一段圆弧半径的 0.618 倍。

（3）蝴蝶曲线是一种很优美的、平面上的代数曲线，宛如一只翩翩起舞的蝴蝶。自然界的很多现象都可以用代数曲线和超越曲线来表达，蝴蝶曲线就是其中一种。其编程思路为：在一个"重复执行直到……"型循环指令内，使变量 t 由 0 开始不断增加，并通过蝴蝶曲线的参数方程求得 x 和 y 的值，然后使用画笔在舞台上画出各个点，最终得到蝴蝶曲线图形。

（4）勾股树又称毕达哥拉斯树，它是由古希腊数学家毕达哥拉斯根据勾股定理画出的一个无限重复的图形，形状像树，因此得名。画法是画出大正方形作为基本形状，以大正方形的上边为斜边，画出两个直角边所在的正方形，重复上述过程,最后得到一个勾股树。程序实现上是先定义绘制勾股树的函数，递归调用绘制。

（5）趣味自然数中的完全数、水仙花数、勾股数、回文数是根据定义，然后应用枚举的算法，应用循环结构嵌套绘制出的程序。

（6）冒泡排序算法是重复地走访要排序的链表，一次比较两个相邻，如果顺序不对则进行交换，并一直重复这样的走访操作，直到没有要交换的数据元素为止。

（二）成果展示活动

项目在金水区编程教育大会上交流，小组成员参加了全国信息技术创新与实践大赛。

六、项目评价与反思

（一）项目评价

"程序设计视角之数学美探究"评价量规

项目	初级	中级	高级
美观性	只有基本图形	组合基本图形成新的图形	基本图形和曲线相结合形成优美图案
创新性	常见的图形	对图形进行简单的设计	结合生活中观察到的图形，学生利用已有知识，设计出具有特色的新图形
演示性	表述不够完整，较为单一	表述较为完整	表述完整、准确，语言生动流畅，有学术性

（二）项目反思

程小沛同学说：半年的研究性学习，受益匪浅。通过参与项目，我学会了小组内分工合作，完成研究任务；学会了文献法、问卷调查法、行动研究法等研究方法；学会了对调查数据进行分析、整理，确定研究方向；学会了撰写研究报告。在进行研究的过程中，我也养成了严谨求实的做事态度和习惯，综合能力得到了提升！

杨浩同学说：半年的研究性学习，让我体会到了数学图形的变幻；认识了黄金分割在生活中的应用；掌握用图形化编程平台绘制心形曲线、蝴蝶曲线、玫瑰曲线的方法；通过研究程序，对递归算法和冒泡排序算法有了初步的了解；使用编程的方法，亲身体验了水仙花数、完全数、回文数、勾股数等数字的奇妙和美感！

邹嘉琦老师说：研究性学习前，学生虽然对程序设计有了一定的了解，但是代码编写的乐趣他们并没有办法获得。经过半年的研究性学习，实现了代码编写、程序设计和数学的有机结合，学生的逻辑思维能力得到了提升，计算思维得到了锻炼，创新思维得到了开拓，学生们逐渐体会到了数学的美和程序设计的强大。通过程序设计，实现了数学图形的绘制和数学性质的探究，让他们欲罢不能，对于数学和信息技术的兴趣大大的增强了，这是一次非常有意义的项目学习体验！

七、参考文献

[1] 谢声涛.趣味编程进阶——妙趣横生的数学和算法 [M].北京：清华大学出版社，2018.

[2] 连信榕.浅谈数学美.百度文库.

学校名称：郑州市第二十三中学

小组成员：程小沛　杨　浩　胡健坤　汪冬阳　李文博　张　帅

辅导教师：宋　强　袁丽娜　胡志强　邹嘉琦

奇妙的无影灯

一、项目是怎么产生的

在学习了光现象的有关内容之后，学生们了解到影子的成因是光的直线传播，光照射不到不透明物体的背后而形成的阴影。有一句话说，"有阴影的地方必有光"。那么，有光的地方一定有阴影吗？对此做出假设，有光的地方不一定有阴影，因为当灯光直着打下来的时候，阴影是在我们后面的，我们也许会看不到；而且医院里的手术灯被称作"无影灯"，这也可以作为我们猜想的依据。由无影灯学生又联想到，我们日常生活中所用的灯发出的光和自然光一样吗？台灯是用白炽灯还是日光灯比较好呢？于是，感兴趣的学生们决定动手研究。

二、项目内容

手术室用的无影灯是怎样实现无影的？是不是使用了特殊的光源？无影灯的工作原理到底是什么？生活中采用什么样的光源更有利于保护我们的眼睛？这些就是我们要研究和即将解决的问题。

三、项目做什么

（一）项目目标

（1）通过调查和查阅资料，找出无影灯工作的原理。

（2）利用作图和实验探究，通过观察，验证无影灯的工作原理。

（3）实验中，采用不同光源进行比较，为台灯寻找理想的光源。

（二）困难与挑战

（1）学生们没有见过无影灯，医院手术室一般是不会对外开放的。如何进入手术室现场考察无影灯是遇到的第一个困难和挑战。

（2）学生们对本影和半影的知识还有些欠缺，这是第二个挑战。

（3）如何制作无影灯？制作一个什么样的无影灯？这是学生遇到的第三个挑战。

（三）涉及学科知识

涉及学科知识思维导图，如图1所示。

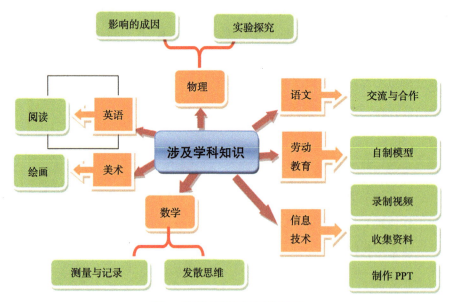

图1　涉及学科知识思维导图

四、项目怎么做

（一）成功组队

班上 6 名同学成立了项目小组，并在小组会议上制订了切实可行的研究计划和实施方案，并把这次活动的主题定为"奇妙的无影灯"。

（二）怎么做

1. 了解影子的产生及本影区和半影区的区别

经过作图看到本影区无光照到，半影区有一定量的光照到，如图 2 所示。发现这一点，研究小组备受鼓舞，这让组员们对如何消除影子充满期待。

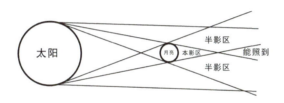

图 2　利用太阳月亮解析光的直线传播

2. 通过作图，得出多光源可消去本影区、减弱半影区

通过进一步作图证实，多灯照射下本影区越来越小，半影区的亮度越来越亮，如图 3 所示，这给下一步的实验提供了依据。

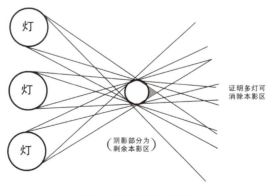

图 3　多灯消除本影区

3.查阅有关无影灯资料，画出并做出无影灯模型

研究小组通过在医院工作的一位叔叔帮忙参观了手术室里的无影灯。打开灯，组员们确实没发现影子，这进一步激发了组员们研究的兴趣。于是他们记下了该无影灯的型号，先在图书室查阅关于无影灯的资料，然后上网查阅这款无影灯的资料和说明书。根据收集的资料，画出了无影灯的模型图，并用六个手电筒固定在一起，做了一个无影灯的模型，如图4所示。

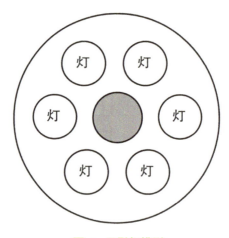

图4　无影灯模型

4.使用自制的无影灯模型，进行探究实验，发现不能实现无影

通过激烈的讨论，最后大家一致认为，研究小组自制的无影灯中，这六个手电筒相隔较近，而且灯的数目偏少，需要增加。

5.多灯照耀实验

经历自制无影灯实验的失败，组员们又找来一些手电筒，环绕在不同物体的周围。组员们惊奇地发现，随着灯越来越多，影子渐渐地"消失"了。

在探究过程中，组员们使用了不同种类的手电筒。随着时间的推移，他们还发现，当使用白炽灯做手电筒的电源时，眼睛最不易疲劳。因此，组员们觉得台灯最适宜选白炽灯作为光源，这一点，还从教师那里得到了证实。

五、项目做得怎么样

（一）研究结论

在这次研究性学习中，学生能够根据教师的指导利用社会资源，进入医院的手术室参观调研了无影灯，目睹了无影灯神奇的效果。这让组员们更加深刻地理解了光的直线传播和日月食的成因。在图解消除本影的过程中，组员们学会了更细心、更认真和更努力，更有耐心。探究过程中，组员们从单一的光源到众多光源不断探索，不仅领略了科学的魅力，也体会到科学研究的不易和科学家们的辛苦。为此，研究小组经过认真的讨论和分析，得出以下结论，为本次学习画上了圆满的句号。

1. 多灯照射可以达到无影的目的

光照到任何不透明的物体，都会在物体的背后形成影子。而无影灯工作时，一灯所照射物体产生的影子被另一灯所照亮，得到削弱，灯越多，削弱的越多，影子就会越弱，当灯达到一定的数量时，最终得到无影的效果。

2. 用白炽灯做台灯的光源最佳

白炽灯最不易引起人眼的疲劳，可以有效减少近视眼的发生。而生活中的日光灯，最容易引起眼疲劳诱发近视。为了健康，作为读书写字用的照明器具，台灯最宜选用白炽灯做光源。

（二）交流与评估

小组成员一致认为本次学习活动中，大家相互帮助、通力合作，不断挑战自我，圆满地完成了探究任务。但在探究过程中，他们认为一直采用白色光源进行实验，没有采用其他色光，例如，红色光源、蓝色光源等，实验结论的普遍性有所降低，是否存在偶然性，这需要今后进一步验证。

（三）获奖情况

在 2015 年郑州市中小学研究性学习成果评比中荣获二等奖。

六、项目评价与反思

（一）项目评价

项目	初级	中级	高级
小组合作	能围绕"探究无影灯的奥秘"，提出自己的观点，倾听别人的意见，有小组分工	能围绕"探究无影灯的奥秘"，分享材料、观点、方法，并能采纳他人有价值的意见，小组分工合理	能围绕"探究无影灯的奥秘"，分工合理，乐于交流，相互取长补短，积极与他人协作，集体观念强
探究过程	针对为台灯选择理想光源这一目标，能广泛收集相关的资料，基本能探究出无影灯的原理	针对为台灯选择理想光源这一目标，能制订合理的探究方案，科学有序地探究出无影灯的原理	针对为台灯选择理想光源这一目标，采用合理的科学方法，并在发现问题的过程中不断地解决问题，并找出白炽灯是最佳的台灯光源
成果推广	能结合图片，用丰富的语言介绍使用白炽灯作为台灯的光源，可以有效降低眼疲劳，预防近视	能结合 PPT，用丰富的语言详细介绍使用白炽灯作为台灯的光源可以减少眼疲劳、预防近视，并提醒人们保护眼睛	组员以小品的形式进行展示，引人入胜地介绍使用白炽灯作为台灯光源的优势，提醒人们要保护眼睛，呵护健康

（二）项目反思

冯桂源同学说：研究中我们每个成员都带着极大的热情，学习任务由大家共同分担，集思广益，各抒己见，人尽所能，增强了我们的合作意识。让我认识到合作学习是同学之间互教互学、彼此交流知识的过程，也是互爱互助、相互沟通情感的过程，它能促进学生认知的发展，促进合作、人际交往能力的提高。

黄高昂同学说：这次研究活动，我们利用学过的知识来研究生活中的问题，感觉自己很有能力，我们团队非常棒。经历这次学习活动，我们更加热爱科学，更加热爱物理。今后我们一定努力学好科学，学好物理，力争成为祖国的有用之才。

张灿坤的家长说：这次活动，孩子们精诚团结，克服种种困难，值得点赞。他们利用废瓶子、手电筒以及硬纸板制作模型，不仅进行了实验探究，增强了动手能力，而且增强了他们的环保意识。

陈松峰老师说：这次活动中，学生为了给台灯寻找最佳的光源，从无影灯开始，进行了一系列的探究，他们综合运用各科知识，如英语、数学、劳工等。学生从发现问题开始，运用多种方法，最终圆满解决问题。这提醒我们老师在教学中一定要重视方法的渗透，不断提高学生的学科素养。

七、参考文献

[1] 刘鹏 . 光谱可调的自由曲面 LED 无影灯及其视觉感知的研究 [D]. 杭州：浙江大学，2014.

[2] 王强 . LED 手术无影灯的设计 [D]. 武汉：华中科技大学，2011.

学校名称：郑州市第二十六中学

小组成员：冯桂源　刘绛雅鹄　张轩铭　黄高昂　李康乐　张灿坤

辅导教师：王幸福　陈松峰　来松涛　张诗迪

制作"我心中的微电影"

一、项目是怎么产生的

校园运动会、班级辩论会、师生情谊、社会热点……许多有意义的事情值得纪念。作为中学生，兴趣爱好更加广泛，并在信息技术课上学习了很多有关剪辑的知识，学生们提出想用影像的方式记录生活、表达心声、传递快乐。教师也觉得很有意义，于是，大力支持，并得到学校的物质保障。

二、项目是什么

自编、自导、自演并制作一部"我心中的微电影"。

三、项目做什么

（一）项目目标

（1）在欣赏优秀的电影作品和书写影评的过程中，提升影视鉴赏能力。

（2）能够与班会、升旗仪式、运动会、夏令营、军训、阅读、安全、少先队教育等德育主题活动相结合，并挖掘身边的德育故事，选择合适的拍摄主题。

（3）使用摄影技巧、视频剪辑等方法，自编、自拍、自导、自演微视频作品，提高影视创作能力。

（4）利用多种平台分享反映校园生活、行为习惯、主题教育等视频作品，弘扬真善美。

（二）困难与挑战

（1）拍摄理想的画面对学生们来说有一定的挑战。

（2）剪辑制作需要运用很多技术，是一件不容易的事情。

（三）涉及学科知识

涉及学科知识思维导图，如图1所示。

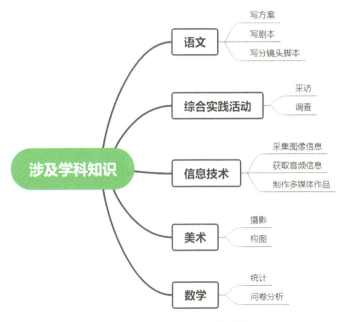

图1　涉及学科知识思维导图

四、项目怎么做

（一）项目谁来做

微视频的类别有纪录片、校园歌曲 MV、视频新闻、微电影等，对同一类型作品感兴趣的同学组建项目团队。

（二）项目怎么做

组建团队之后，学生们需要经历确定拍摄主题、拟定拍摄方案、编写剧本和分镜头脚本、实地拍摄、视频剪辑等过程。

1.确定拍摄主题

与班会、升旗仪式、运动会、夏令营、军训、阅读、安全、少先队教育等主题活动相结合，挖掘身边的德育故事，小组商议确定拍摄主题。

2.拟订拍摄方案

小组成员集思广益，根据拍摄主题拟定拍摄方案。明确拍摄目的、时间、地点、内容、步骤、分工、注意事项等，为拍摄做好准备。

3.编写剧本和分镜头脚本

各组根据拍摄主题编写剧本。在剧本的基础上，编写分镜头脚本，把文字转换成立体视听形象的中间媒介。

4.实地拍摄

在教师的指导下，研究小组成员掌握了常用拍摄工具的使用方法，能够灵活运用九宫式、中心式、对称式等构图方法，掌握远、全、中、近、特等景别的运用。在拍摄过程中，除了固定镜头，还学会使用推、拉、摇、移、跟、升、降、甩等运动镜头拍摄技巧，拍摄视频素材。组员们还根据作品需要，为作品配音，并导出音频。充分利用大课间、运动会、升旗仪式、文艺演出等校园活动平台，练习拍摄，在"做"中学。除了关注校园生活，校园拍客还走出校园，关注社会热点和民生话题，做到学以致用。

5.视频编辑

小组成员学习了利用电脑或手机上的视频剪辑软件进行编辑，掌握了视频剪辑软件的使用方法。例如，计算机视频编辑软件爱剪辑、Movie Maker、Adobe premiere 等，手机 App 视频编辑软件小影、快影、剪影、快剪辑等。

运用字幕、转场效果等，将前期拍摄的视频、图片、声音、文字素材融合在一起，制作视频作品。在视频剪辑过程中，如果发现有哪些镜头拍摄得不好，还需要重新拍摄。

五、项目做得怎么样

（一）研究结论

通过项目学习，历经重重困难，小组成员终于完成了《陈信逆袭记》微电影作品，但是，这和他们心中的微电影还有一定的差距，还有很多效果不能实现，例如，演员表演不够自然、后期配音和人物口型不能完全同步、配音的音量时大时小、个别画面有些抖动……针对这些问题，研究小组要继续探究，让理想照进现实，拍出令自己满意的微电影作品。研究小组得出以下结论：

1.拍摄主题的选择是微电影作品成功的关键

拍摄主题一定要贴近中学生生活，而且选择主题的角度要新颖独特，作品才能吸引人。

2.交替使用不同的景别，能够使影片更有表现力

远、全、中、近、特等景别代表不同的含义，合理使用景别，能够使剧情叙述、人物思想感情的表达、人物关系的处理更具有艺术感染力。

3.拍摄画面稳定很重要

使用摄像机录制视频时，利用三脚架能够解决视频画面抖动的问题。如果使用手机拍摄，可以使用手持云台保证画面稳定。另外，小组成员还发明了用三脚架改装的手机云台。

4.只有小组通力合作，才能完成任务

小组成员必须心往一处想，劲往一处使，采访、表演和拍摄必须经过多次练习，熟练了之后才能达成默契。

（二）成果展示活动

项目团队以不同的形式进行了研究成果的宣传：

（1）他们将制作的视频作品通过在班级内部、社交网站展示，评选出的优秀作品可以参加校级校园拍客大赛，促进了作品的改进和交流。

（2）学校举行"校园奥斯卡拍客大赛"颁奖典礼，为获奖作品进行颁奖。颁奖典礼也是学生自己筹划、组织的。

（三）获奖情况

（1）学校推荐获奖作品参加省、市等部门组织的相关比赛。在 2019 年郑州市校园电视节目评选中，《谁说女子不如男》《春季运动会》《我的初一新生活》《垃圾分类调查研究》《我们与郑州》《文明使用共享单车》六个作品荣获郑州市优秀电视节目。

（2）在 2020 年郑州市校本教研工作推进会上，项目团队的同学进行了"我心中的微电影"研究性学习成果现场展示。

活动现场，除了用大屏幕展示他们制作的微电影作品，校园拍客手拿摄像机，现场拍摄、现场采访、现场剪辑，制作了纪录片《2020 年郑州市校本教研工作推进会现场播报》，当参会嘉宾看到电视上呈现出自己的参会画面时，都惊叹不已。用视频记录项目学习的过程，真的能让学习看得见，让成长看得见。

六、项目评价与反思

（一）项目评价

微电影作品除了在班内进行组间评价和教师评价，还通过网上投票的方式选出最佳编剧奖、最佳表演奖、最佳摄影奖、最佳剪辑奖、最佳影片奖，票数最高的作品还将荣获最具人气奖。

"制作'我心中的微电影'"评价量规

评价	评价内容	奖项	组评 ★★★	师评 ★★★
小组合作	小组分工明确，能够相互合作，取长补短；能够按时完成分配的任务	最佳团队奖		
作品主题	主题明确，内容有教育意义和宣传价值，剧情有思想性、逻辑性	最佳编剧奖		
人物表演	人物表演自然、生动	最佳表演奖		
摄影技巧	拍摄画面遵循构图原则，富有美感，画面清晰	最佳摄影奖		
镜头剪辑	剪辑合理，衔接顺畅，声画同步	最佳剪辑奖		
作品综合	主题明确，人物表演自然、生动，构图合理，剪辑顺畅	最佳影片奖		

（二）项目反思

本次制作微电影项目学习已经结束，同学、家长和教师都收获满满。

胡雨晨同学说：我的梦想是当个大导演，这次制作的微电影项目，让我实现了这个愿望。我和我的团队制作出了我们的第一部微视频作品，这太令人兴奋了。一个好的剧本是一个好作品的核心和灵魂，我们之所以后期时间紧张，就是因为开始剧本没写好，一直变来变去，耽误了时间。如果再来一次，我们一定要把剧本写好再开始下一步的创作。

侯雨阳同学说：微电影制作项目锻炼了我的胆量。原来我是一个腼腆的人，不善于表达，更不善于和陌生人交流，通过这次活动，我的胆子变大了，能和不同的人顺利交流。在拍摄《我们与郑州》纪录片的时候，需要随机采访社会上各行各业的人对郑州的看法，我们从刚开始的处处受挫，到后来被采访者积极配合，我们用真诚打动了别人。另外，通过采访，我还明白与人交往要言而有信、说到做到。

杨棒的家长说："制作我心中的微电影"项目是一个非常受学生喜爱、家长支持的项目。孩子们走出了校园，更加关注社会热点、民生话题，他们认真、出色地完成了自己的微电影作品，向社会传递正能量，实现了自我价值。

田燕老师说：同学们将"制作我心中的微电影"项目和"研究性学习"紧密结合起来。为了拍摄制作精彩的作品，孩子们不怕被拒绝，不断尝试，不断改进。在拍摄和制作的过程中，虽然遇到很多困难，但是同学们充分发挥主观能动性，没有设备自己造，不会的知识主动学，还发明了手机固定支架、自演了皮影戏。作为辅导教师，我为孩子们的创造力欣喜，为他们锲而不舍的精神感动。

学校名称：郑州市第七十六中学

小组成员：胡雨晨　付程锦　杨　棒　侯雨阳　杨婧媛

辅导教师：田　燕　孙晓军　陈广融　史敏敏

寻找超级英雄

一、项目是怎样产生的

"寻找超级英雄"最初是头脑奥林匹克创新大赛的一道赛题，头脑奥林匹克是一项国际性的培养青少年创造力的活动，它的题目没有标准答案。学校已经组织参加了几次全国项目，并获得优异的成绩。这个项目极大地提高了学生的创造思维和学科融合的能力。本届学校通过海报的形式又召开面试与选拔，共确定了七位对项目感兴趣的同学一起将自己的兴趣爱好和所学的知识运用到探究"寻找超级英雄"问题的实践当中，在快乐的活动实践中提升他们的创新、创造能力。

二、项目是什么

用创意表演的方式体现解决问题的过程。展开想象寻找创意编写剧本；对废旧物品进行改进创新，创造场景、道具和服装；合作探究共同完成一个以"超级英雄"为主题的有创意的表演。项目思维导图，如图1所示。

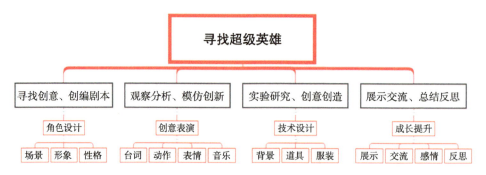

图1　项目思维导图

三、项目做什么

（一）项目目标

（1）寻找创意，展开丰富的想象去编写剧本。

（2）利用废旧物品制作背景、道具和服装。

（3）合作完成一个以"超级英雄"为主题的情景表演。

（二）困难与挑战

（1）科技与艺术相结合，利用各种废弃物，去创造制作。

（2）通过台词、表情和动作等表演形式来生动地塑造角色的形象。

（三）涉及学科知识

涉及学科知识思维导图，如图2所示。

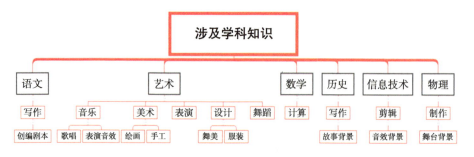

图2　涉及学科知识思维导图

四、项目怎么做

（一）谁来做

七位同学成立了研究小组，选出了队长并确定了队名——英雄队。在教师的指导下确定了项目主题，并根据每个人的兴趣爱好和特长确定了分工。

（二）怎么做

"凡事预则立，不预则废。"经过分析、研讨，师生最终把任务分成创意剧本编写，人物角色设计及表演，道具、背景、服装的设计制作三个项目主题来开展这次研究活动。

1.通过网络和书籍，查找资料，创编剧本

首先通过网络查找资料，请教语文教师学习剧本的编写；然后团队常常聚在一起讨论，天马行空地想象，提出自己的观点并试写，选出最有创意的内容，创作成剧本。

2.通过视频学习，观察艺术家的表演，学习表演技巧，并进一步创新

根据剧本内容，师生设计了一系列的角色形象，有英雄、大魔王、科学家等；学习艺术家的表演技巧，结合自身剧本角色的要求，从动作、语言、表情等进行模仿并进行角色创新。

3.通过实验研究对场景进行创意设计和创造制作

在表演的过程中需要转换场景，因此研究小组通过六顶思维帽的方法选出最有创意的形式——魔方，并进行试验和不断的改进。最终决定用 12 个纸箱分成 4 组，画上背景图案，拼装成魔方的样子，在表演时可以转动纸箱展示不同的场景，如图 3 所示。

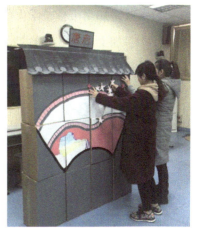

图 3　创造背景

五、项目做得怎么样

（一）研究结论

通过这次项目活动，研究小组总结出以下三点结论：

1. 有创意的剧本是基础

在创编剧本时，要突出创意，故事情节要引人入胜。

2. 生动的外形和表演是重点

每个角色的外形特点要突出、有创意，让人耳目一新。表演时要融入角色，台词、动作和表情一定要生动。

3. 创新的场景是亮点

在创新使用废弃物创造背景和道具服装时，加入灯光等电子设备，会起到画龙点睛的作用。

（二）成果展示

英雄队队员在升旗仪式上对全校师生进行展示；代表学校在河南省教育装备工作会议上展示；"六一"儿童节为周围小学生展示。

（三）获奖情况

（1）获得郑州市中小学生研究性学习成果二等奖。

（2）参加上海第 38 届世界头脑奥林匹克中国区决赛，在全国 450 支代表队中，英雄队队员们用创新精神、团队智慧、精彩表演赢得了裁判们的一致好评，最终荣获全国第 7 名（二等奖）的好成绩。

六、项目评价与反思

（一）项目评价

"寻找超级英雄"评价量规

评价项目	优	良	一般
小组协作	能够积极参与小组合作；主动承担小组任务，出谋划策；帮助同伴完成任务，对小组有贡献	愿意参加小组合作，能够与同伴合作克服困难完成组长交给的任务	没有主动的合作意识，面对困难不能够与同伴合作完成小组任务
创造过程	对废旧物品改造有创意，学习、动手能力强，制作物品精美	对废旧物品改造想法一般，动手能力较强，制作物品不够美观	对废旧物品改造没有想法，动手能力一般，制作物品粗糙
成果展示	整体展示形式有创意，风格突出；内容丰富、新颖有亮点；能够完全融入角色，精神饱满，表演感染力强	整体展示形式创意、风格不够突出；内容较丰富；不能够完全融入角色，表演感染力一般	整体展示形式没有创意；内容不丰富；不能融入角色，表演没有感染力

（二）项目反思

通过这次世界头脑奥林匹克创新大赛实践探究活动，研究小组虽然获得了不错的成绩，但距离一等奖还差那么一点点，这说明组员们的思维还不够开阔，还需要加强学习、不断地实践，才能更好地去创新、去创造。在这次活动中同学们收获颇多。

队长郭晓阳说：通过这次活动，我真正明白了团队的意义和重要性。出现问题后，我们不像以前那样相互指责，而是开始从自身找原因。

主角"小诸葛"刘文博同学说：这是我人生中第一次演主角，收获最多的是我有了责任心，我拥有了集体荣誉感。从稚嫩到坚强，无数次被打垮，又坚强地站起来。通过这次比赛，我明白了只要努力就会有收获。

扮演三个配角的史双辉同学说：那一刻我们开始成长，把责任放在心头，对团队的每一件事，都甘愿付出。在付出中得到收获，在成长中学会负责。

扮演反派角色"大魔王"的王子墨同学说：渐渐地，我学会了思考，但我们的视野还不够开阔，还需要不断地学习锻炼。我会在之后的生活、学习中继续努力，向着更远的目标前行，永不停歇地坚持下去。

郭晓阳的家长说：孩子参加这个活动以后，有了明显的改变，学会了时间管理，变得独立、阳光、开朗、自信；做事情之前懂得规划，为了完成一个小小的创意，会不厌其烦地反复修改，直至成功。

马丽老师说："寻找超级英雄"这个项目，通过完成一个创意表演，培养了学生创意、创新、创造精神，团队合作能力和动手实践能力。通过这次世界头脑奥林匹克大赛活动，队员们的身心在各方面都得到了锻炼，得到成长，他们会终身受益。

七、参考文献

[1] 陈伟新，姚惠祺.创造力大爆炸 [M].上海：华东师范大学出版社，2015.

[2] 林洪桐.表演艺术教程——演员学习手册 [M].北京：中国传媒大学出版社，2002.

[3] 米克卢斯.创造力与团队合作 [M].姚惠祺，等，译.上海：上海辞书出版社，2012.

学校名称：郑州市第三十四中学

小组成员：郭晓阳 王子墨 史双辉 刘文博 张子豪 史亚熙 王梦萍

辅导教师：暴 煜 王远荣 李 梅

动力大探秘

一、项目是怎么产生的

头脑奥林匹克竞赛是一场国际性的赛事，它主要考察研究小组分析问题、创造性解决问题的能力，创新意识和团队合作精神。在第 40 届和第 41 届世界头脑奥林匹克比赛长期题的车辆题中，竞赛要求参赛队要利用可回收材料进行创新设计、制作并操纵三辆不同动力源的小车，完成三段障碍跑。与此同时，还必须创作一个配合赛题的剧本，在 8 分钟的比赛时间里进行表演，吸引观众。在了解了比赛规则之后，对此特别感兴趣的同学组建了小组，于是展开了关于使用废旧物品制作不同动力源小车推进系统的项目化学习。

二、项目是什么

根据赛题利用废旧物品制作 3 辆不同动力源小车及道具，并根据赛题要求完成有创意的表演。

（一）研究主题

（1）有哪些不同动力源车辆。

（2）探寻可以再利用的回收物。

（3）设计制作小车模型并尝试行驶。

（4）校园推广。

（二）困难与挑战

（1）用什么样的废弃物品才能做出不同动力源可行驶的小车。

（2）用什么样的形式在校园内推广，同学们比较容易接受。

（三）涉及学科知识

涉及学科知识思维导图，如图1所示。

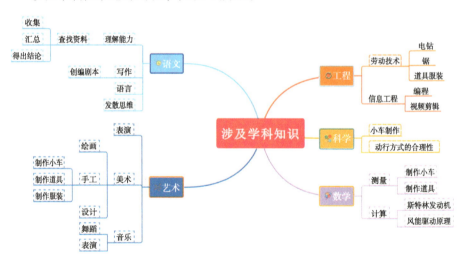

图1　涉及学科知识思维导图

三、项目怎么做

（一）谁来做

班里对头脑风暴及车辆能源感兴趣的同学成立了研究小组，他们每个人都有擅长的方面。同时，邀请肖茗心的爸爸作为团队的小车顾问，还有综合实践活动的三位教师，共同制订了车辆研究计划和设计制作方案。

（二）怎么做

研究小组成功组建之后，对后续的研究制订了详细的计划。研究小组从汽车行驶的不同动力原理、探寻生活中可利用的回收物、设计小车制作方案、采访赛车手、制作小车、解题剧本几个方面开展项目研究。

1. 了解汽车行驶的不同动力原理

查阅资料后，研究小组得知了推动小车行驶的不同动力源。最简单的是链传动：结构简单轻巧，不易打滑，维修方便，传动平稳，适用场合速度比较低，承载能力比较大，传动效率高，对链轮的中心距要求不高，需加油润滑。

2. 探寻可利用的回收物品

在日常生活中，小组成员观察、寻找生活中可回收利用的废旧物品，比如纸箱盒、塑料瓶、旧衣服、旧光盘、木料、吸管等。

3. 设计小车制作方案

俗话说得好：不打无准备之仗。根据前期对头脑奥林匹克赛题的调查研究，小组成员讨论了几种不同动力源、链传动、电力、风力、斯特林等，最终制定了3个不同动力源小车的方案。设计样稿如图2所示。

方案一：链传动推进系统

工作原理：两轮间以链条为中间绕性元件的啮合来传递动力和运动。它的结构简单轻巧、不易打滑、维修方便、传动平稳，适用场合速度比较低（传动有冲击载荷），承载能力比较大，传动效率高，对链轮的中心距要求不高，需加油润滑。

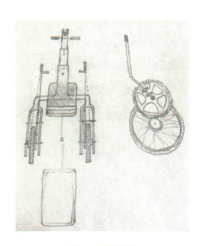

图2 草稿图

方案二：电力推进系统

电力推进系统主要利用电机，是指依据电磁感应定律实现电能转换或传递的一种电磁装置。它的主要作用是产生驱动转矩，作为用电器或各种机械的动力源。发电机在电路中用字母 G 表示，它的主要作用是利用电能转化为机械能。

方案三：风力推进系统

风力小车是利用螺旋桨叶片的扭力转动转换成前进的空气推力，推动小车向前行驶。我们利用橡皮筋带动螺旋桨叶片旋转蓄力，从而完成行程。这个动力原材料简单，易于操作，在行进过程中不易出现问题。

4. 采访专家

在探究了不同动力推进系统的小车之后，肖茗心的爸爸——环塔拉力赛冠军赛车手来到学校，和我们一起讨论各种动力源及制作方案的可行性。他也给小组成员科普了很多其他的可利用的回收物品。

5. 制作小车

研究小组根据方案先准备各种材料，比如木料、车轮、链条、橡皮筋、马达、螺丝等；根据设计图在木料上画出小车配件，使用各种工具进行切割组装，并尝试各项推进系统的可行性，最后尝试行驶。小车模型如图 3 所示。

图 3　制作小车

五、项目做得怎么样

（一）研究结论

（1）研究小组掌握了很多劳动技能。在制作道具、变废为宝的过程中，他们像科学家、艺术家一样，自己去创造、自己去设计、自己去制作。并利用卡纸、不织布、吸管、旧光盘、瓜子皮、易拉罐、木条、颜料等材料，共同设计背景、服装、道具的具体条目及造型，再由大家分工或合作完成。

（2）研究小组掌握了各种小车的行驶动力原理。通过开展跨学科的项目学习，他们得知小车的动力有很多种类，分别是链传动、马达发动、风力传动及斯特林发动原理。

（3）研究小组设计出多种小车模型，例如，链传动小车可以像变形金刚一样缩小空间，可以拆装。风能小车、马达小车、斯特林发动机小车的结构、形式、推进等都是独一无二的，它们不仅可以正常行驶，还能进行拆装，还可以装进手提箱随身携带。

（二）成果交流

研究小组以不同的形式进行了研究成果的宣传：

在上海交通大学举办的第 40 届世界头脑奥林匹克比赛中，研究小组向来自全国各地的教师们进行成果展示，从创新小车设计理念、利用身边废旧材料变废为宝，到制作服装道具、把作品自编自演成为话剧，一一详细介绍展示。团队分工合理，配合默契，得到了参会教师的一致称赞。

（三）获奖情况

本项目 2018 年获得河南省一等奖；2018 年获得全国三等奖；2019 年获得河南省一等奖；2019 年获得全国二等奖；2020 年获得全国三等奖。

六、项目评价与反思

（一）项目评价

"动力大探秘"项目评价量规

项目	继续努力	良好	优秀
思维的碰撞与材料的收集	能收集生活中的可回收利用物品，暂时没有更好的想法	有自己的想法，主动收集生活中的可回收利用物品，能说出一些材料的可利用价值	积极提出自己的创想并与人交流，主动收集生活中的可回收利用物品，准确说出材料的可利用价值及在"产品"制作中的用途

项目	继续努力	良好	优秀
分工合作	能够参与劳动，需要在"导演""材料员""手工能手"的帮助下完成各项任务	能够参与劳动，在"导演""材料员""手工能手"的带领下努力完成分工或合作的各项任务	小组成员都能积极参与劳动，发挥个性特长，施展才能，分工合作，高质量、高效率完成各项任务
小车设计的创造性	无法靠自己的力量制作小车，需要人帮忙	制作的小车，性能可靠，设计普通、色彩搭配简单，视觉冲击力不强，创造性一般	制作的小车，性能可靠，设计新颖漂亮，做工优质、美观，视觉冲击力强，能够创造性的体现小车不同推进系统
成果展示	未积极主动展示，在表演中表现一般，偶尔出现失误。能完成自己负责的任务	主动展示"作品"，在表演中表现一般，语言、表情、声音、动作到位。能按要求完成自己负责的任务	积极主动展示"作品"，在表演中表现出色，语言、表情、声音、动作到位。能准确无误地完成自己负责的任务
总评			

（二）项目反思

肖茗心同学说： 在我们的项目学习中，道具的制作工作量非常大，在制作过程中还会碰到各种各样的困难和问题，如材料找不到、工具不会用、设计错误、有的道具制作一再失败。让我印象最深的是我们在制作其中一个背景板的时候，为了使道具牢牢粘在板子上，反复在背景板上倒了 5 千克的白乳胶，我们团队所有人一起才能抬动背景板，如果有下一次制作的机会，我们可能会采用更简单的方式，比如用铁丝先搭建好造型，再进行后续制作。这个项目让我体验了以前从来没有体验过的事情，比如用电钻，平时在家里只看大人用过，现在我也体验了其中的乐趣，我想这就是成长吧！

董轩逸同学说： 在这个项目中我们进行了无数次烧脑的训练，我们用废旧物品做成了各式各样新颖的道具。活动室中的一句句指责，一次次矛盾，一滴滴眼泪，一声声欢笑，现在还历历在目。我印象最深的一件事是：在一次培训中，我和其中一名队员闹了矛盾，我们两个十分生气，谁也不理谁。到最后我和她都哭了，这时老师走了过来帮我们和解，还给我们讲一些她们的经历和故事。经过反思，渐渐地，我们都不生气了，开始一起动手做题，又开始一起讨论，而且变得更团结了。后来经过我们的不懈努力，终于一起踏上了国赛的舞台。

梅博雅同学说：在这次项目学习中，我成长了许多。上海的国赛，我和队员手拉着手，互相鼓励、互相信任，合作完成各项任务，这将成为我永远的回忆！

米雪珂老师说：在项目中我们选择了车辆题，根据要求需要创作剧本和制作道具，道具还必须将科技与艺术结合起来。头脑奥林匹克就是要天马行空，孩子们将所有新奇的、创意的点子融合在一起，创作出了独一无二的剧情和道具。回首做项目的这段时光，忙碌又充实，我们每一个人，用心埋下一颗小小的种子，每天呵护它，灌溉它，期盼它长大，期盼它开花，这一天终于到来了。我们和孩子们，一路走来，一起成长，我们手拉着手越走越快，越走越稳！

郭茹娜老师说：这项活动考验的是学生的综合能力，从设想不同的小车动力系统，到完成剧本、制作道具，我们一步步引导学生将他们天马行空的想法付诸行动，见证了他们的成长。项目虽然烧脑，但收获也是不言而喻的。在训练过程中，队员利用团队合作完成了很多复杂的工程，比如斯特林小车的制作。斯特林发动机是三种装置当中最具风险的，车上的酒精装置处理不当就会导致木头小车被焚毁。队员在制作小车时，进行分工，精确到每个螺丝的顺序，最终实现了小车的试行。类似的例子不胜枚举。队员们在项目进行中遇到过很多的困难，但他们都能在团队的鼓励和集思广益中一一化解，希望他们在日后的学习和生活中也能不轻言放弃，和小伙伴们走得更远。

七、参考文献

[1] 米奇克·瓦伦托维茨 . 汽车动力学 [M]. 陈萌三，余强，等，译 . 北京：清华大学出版社，2019.

[2] 蔡运龙，王学军 . 人类——环境系统及其可持续性 [M]. 北京：商务印书馆，2017.

[3] 杰拉尔德·G. 马尔腾 . 人类生态学——可持续发展的基本概念 [M]. 顾朝林，袁晓辉，等，译 . 北京：商务印书馆，2018.

学校名称：郑州市金水区四月天小学

小组成员：梅博雅　董轩逸　肖茗心　解昊颖

辅导教师：孟　军　米雪珂　郭茹娜　李　亚

指尖上的手机壳设计与制作

一、项目是怎样产生的

随着智能手机的普及，人们开始关注手机的配置及外壳的装饰。手机壳不仅能避免硬物刮伤、磨损手机屏幕，还能美化手机。作为追求时尚的年轻人，大家喜欢将自己的手机配上漂亮的手机壳，以凸显个性与品位。不仅成人热衷，学生们也很喜欢有个性的手机壳。在课下听到学生们讨论这个话题，教师加入交流，最后共同决定开展一次制作手机壳的项目活动。

二、项目是什么

市面上有各种材质的手机壳，风格多样，但大多是批量生产，容易"撞衫"，无法体现个人风格。作为中学生，他们希望能够设计、制作独具风格的专属手机壳，并将制作方法和技巧传授给他人，让更多的人学会制作独具风格的手机壳。

三、项目做什么

（一）项目目标

（1）设计手机壳制作图，动手制作"水晶滴胶手机壳"和"流沙手机壳"。

（2）收集同学的意见，优化制作方案，并传授同学手机壳的制作方法与技巧。

（二）困难与挑战

（1）查阅资料，学习"水晶滴胶手机壳"和"流沙手机壳"的基本制作方法，掌握关键步骤与技巧。

（2）开发设计出不同风格的手机壳，让我们的手机壳更加精美。

（三）涉及学科知识

涉及学科知识思维导图，如图1所示。

图1　涉及学科知识思维导图

四、项目怎么做

（一）谁来做

一千个人眼中有一千个哈姆雷特，每个人对手机壳的偏爱也不一样。为了能设计出精美的手机壳，对此感兴趣的同学相约成立了研究小组，了解大家喜欢的手机壳风格及图案，为项目设计积累素材。

（二）怎么做

1.制订项目方案

万事开头难，如何实现大家的想法是一个急需解决的问题。为了设计制作出不同风格的手机壳，小组成员做了大量的准备工作，具体过程如下：

（1）查阅资料，学习手机壳的制作方法与步骤。

（2）在教师和家长的帮助下，研究小组购买制作手机壳所需的材料、用具。

（3）确定手机壳的主题风格，并绘制手机壳彩色手绘图。

（4）动手DIY制作"水晶滴胶"手机壳和"流沙"手机壳两种工艺的手机壳。

（5）征集同学们的意见，优化制作方案。

研究小组设计的部分手机壳彩色手绘图，如图2所示。

海洋系列1　　海洋系列2　　人物系列　　卡通系列

图2　手机壳手绘图

2.设计并制作水晶滴胶手机壳

设计制作水晶滴胶手机壳的步骤如下：

首先，准备制作水晶滴胶手机壳所需的材料工具，将素材预先摆放在手机壳凹槽中，形成设计雏形。其次，按3∶1的比例调制AB胶，将闪粉、亮片等辅助材料与 AB 胶混匀，平铺在透明手机壳的凹槽内，防止素材与手机壳之间产生气泡。最后，微调至液面平整，静置 24 小时，一个晶莹剔透、充满创意的水晶滴胶手机壳便制作完成了。

3.设计并制作流沙手机壳

设计与制作流沙手机壳的步骤如下：

如图 3 所示，首先，准备制作流沙手机壳所需的材料、工具，根据手机壳设计图纸，向手机壳中加入闪粉、亮片等辅助素材，并在手机壳边缘的凹槽内加入流沙手机壳专用的 UV 胶，直至注满整个凹槽。其次，扣上手机壳亚克力板，按压边缘，使它与凹槽完全粘在一起。打开灯照射几分钟，使手机壳内的 UV 胶全部干透。最后，选择合适颜色的流沙油，注入手机壳的注油孔内，用塞子塞紧。增加装饰素材后，一个充满创意的流沙手机壳便诞生了！

步骤 1　准备材料　　　　　步骤 2　加辅助材料和 UV 胶

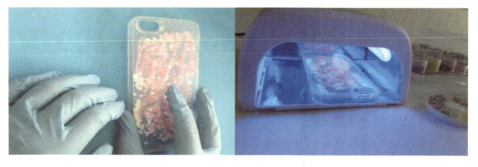

步骤 3　扣亚克力板　　　　　步骤 4　紫外线灯照射

图 3　制作过程

4.校园展示，优化改进方案

当成品做好后，为了测试所做的手机壳效果，研究小组做了以下事情：

（1）在校园里展示所做的手机壳，调查同学们对作品的关注度和满意度。

（2）根据同学们的建议和意见，研究小组成员讨论后优化改进手机壳设计方案。

（3）邀请感兴趣的同学和小组成员一起制作手机壳，将制作方法传授给他们。

五、项目做得怎么样

（一）研究结论

经过项目学习与研究，小组成员对手机壳的设计与制作有了一些认识，得出了以下研究结论：

1.手机壳彩色手绘图的设计

手绘图的设计是手机壳设计与制作的前提与关键。在手绘图的设计过程中，需要注意一些问题：要有创意，根据创意确定设计风格；颜色和素材要一致，产生协调美；构思好手机壳的主题，赋予它们丰富的故事内涵。

2.手机壳的制作方法

水晶滴胶手机壳的制作过程为：准备材料—预摆放—制作 AB 胶—加辅助材料—制作成品五部分。流沙手机壳的制作过程为：准备材料—加辅助材料和 UV 胶—扣亚克力板—紫外线灯照射—注油五部分。

（二）成果交流

我们将自主设计的手机壳摆放在校园醒目的地方，附上手机壳创意故事，吸引了许多同学的注意。我们向他们介绍手机壳及背后的故事，同学们非常喜欢研究小组的创意，有同学当场预定手机壳，也有同学提出了自己的想法，希望研究小组为他们量身定制创意手机壳。令小组成员感到意外的是，还有好多教师前来询问和预定。研究小组的作品得到了大家的肯定，小组成员感到无比骄傲和自豪。

此项目在"金水区创客博览会"上进行了展示，展示会上大家分工合作，向金水区各学校的师生进行成果展示并现场和他们一起做手机壳，大家配合默契，得到了参会教师的一致称赞。

（三）获奖情况

"指尖上的手机壳设计与制作"获得了 2017 年郑州市研究性学习成果一等奖、郑州市优秀小组奖。

六、项目评价与反思

（一）项目评价

亲爱的同学们，项目完成度取决于多种因素，我们将从小组合作、手绘图设计、手机壳设计与制作、汇报交流四个维度进行过程性评价，请大家根据评价标准客观公正地评价在此次项目学习中的个人表现，感谢大家的配合！

"指尖上的手机壳设计与制作"评价量规

维度	达标	良好	优秀	评价结果
小组合作	能查阅手机壳设计与制作的相关资料，积极配合，完成需要承担的任务	能积极配合小组开展材料准备、手绘图设计及手机壳设计与制作相关活动，服从安排；能完整清晰地表达自己对手机壳设计的想法，尊重他人的意见和成果	能充分发挥自身优势，高效完成需要承担的任务；积极主动参与组内研讨，完整清晰地表达自己的想法，在小组遇到问题时，能提出合理的、切实可行的解决方法	

维度	达标	良好	优秀	评价结果
手绘图设计	能利用已有的知识设计手机壳彩色手绘图，手绘图有一定的主题，画面布局不够合理、美观	手机壳手绘图设计主题突出，画面布局合理，色彩搭配相对协调，但造型不够新颖	能充分利用美术学科的知识与技能，手绘图设计理念新颖，主题突出，画面布局合理，色彩搭配协调，造型新颖，表现生动完整	
手机壳设计与制作	能动手设计并制作手机壳，但是设计主题不够突出，成品布局不够合理、美观	能动手设计并制作手机壳，设计主题突出，画面布局合理，色彩搭配相对协调，但造型不够新颖	能熟练地设计并制作手机壳，成品设计主题突出，布局合理，色彩搭配协调，造型新颖，风格多样	
汇报交流	能以"成品＋语言＋PPT"呈现手机壳制作过程，表达出自己的收获，汇报思路不够清晰，语言表达不够流畅准确	能以"成品＋语言＋PPT"呈现手机壳制作过程，表达出自己的收获，思路清晰，语言表达流畅准确	汇报过程全员参与，能够用不同的方式展示手机壳的设计理念、内涵与制作过程等内容，突出重点；思路清晰，语言表达流畅且声情并茂，落落大方	

（二）项目反思

赵天健同学说： 看到同学的设计方案，我感觉很惊艳，将干花融入手机壳的制作过程，感觉创意特别好。

王帅艳同学说： 我发现这个项目实在是太有意思了。使用不同的材料，把不同的颜色组合在一起，能形成各种主题的手机壳。制作过程中，我发现自己脑洞大开，有很多创意，特别想自己买些材料回家做自己的个性手机壳。

王子涵同学说： 我看了手机壳设计与制作的整个过程，发现制作手机壳需要考虑的问题有很多。首先需要确定设计的主题，要有一定的绘画基础和色彩搭配基础，这跟我们在美术课上做的手工一样好玩，但是要做出一个漂亮的作品还是有一定的难度的。我喜欢这种挑战！

王帅艳的妈妈说：作为家长，我很惊讶孩子竟然能自己制作手机壳，而且效果这么好。这样的学习项目不仅孩子感兴趣，我也很好奇。孩子能在项目学习中专注投入，找到自己的兴趣点，把自己的创意融入手机壳的制作中，我觉得非常难得。

叶子展的爸爸说：作为家长，我看到这么接地气的项目学习特别欣慰。这样的创客项目不仅能提高孩子的学习兴趣，而且能让孩子获得成功的喜悦，我觉得项目特别好。希望教师能进一步激发孩子们的好奇心，让孩子们多用项目学习的方式思考问题。

刘焕鸽老师说：在这次项目学习活动中，同学们能够将手机壳的设计与制作转化为项目学习课题，自己动手制作手机壳，不怕尝试与失败，不断总结经验，制作出漂亮的成品，这对于我来说是一个大大的惊喜。我为他们的创新精神和团结合作精神而感动，希望他们今后能一直保持着好奇心，保持着创新意识，成为新时代的小创客。

闫春芝副校长说：这个项目从生活入手，将生活与学习紧密结合，寓教于学，寓学于乐。教师将项目学习与创客实践相结合，学生将学科知识转变为解决问题的能力，既能有效提升教师的专业素养，又能提升学生的核心素养。项目化学习作为一种新的学习方式，对推动学生发展和教学改革具有重要的意义，非常值得学习与借鉴。

学校名称：郑州市第七十七中学

小组成员：陈馨怡　王帅艳　叶子展　赵家玉

辅导教师：孟建锋　刘焕鸽　闫春芝

珍视生命中的美好

　　"好的教育应该让每个人找到自己真正感兴趣的、发自内心具有热情的事情去实现它，走向自我实现。"八所学校八个团队八个主题，从绿色能源、文创设计、创意编程、无影揭秘、微电影创作、超级挑战、动力探秘、手机壳制作等不同视角切入生活，有兴趣、有热情地开展研究性学习活动，科学严谨地追寻研究的成果和乐趣，借助各级平台展示、评价深度学习成果，在迭代升级探索中，收获更多成长，感悟有意义的教育生活。主题内容非常广泛，天文地理、自然科学、社会人文、宏观宇宙、微观世界，师生尽情地开阔视野，兴致勃勃走近体验观察，寻出研究活动的线索，收获更广域的多学科知识和方法，体验有价值的教育生活。在项目学习活动中，每个学生的意志、思维、情感和行动经受了锻炼、激发、波动和生长，思想认识更加宽广深刻、心理情感更加豁达丰富、行动能力更加果敢高效、身心健康更加和谐向上。项目化研究创新实践，让有兴趣有爱好的学生自发聚拢，围绕共同好奇的话题，协作共创，奋斗着、感动着、成功着、幸福着。

　　群英中学的6名学生在4名教师的指导下，倾心投入校园生活场景，深度开展了"阳光农场微风发电的探究和实践"项目。他们组建分工细致的项目研究团队，综合运用语文、数学、物理、道德与法治、美术、信息等学科知识和技能，协作探索，分享共进，在教师和发明爱好者的指导点拨下，研制绿色能源机器，不断实践感悟，优化改进迭代升级。实施小组合作解决问题、制作模型、成果展示、系统评价，一步一步完成了这个项目，并在郑州市校本教研工作推进会上生动展示。

郑州八中的6名学生在3名教师指导下，聚力探究"黄河文化文创产品设计"创意项目，他们组建团队，综合语文、历史、地理、音乐、美术等学科知识，分工合作，深入开展调查研究。学校面向全体学生开展黄河文化文创作品设计大赛，通过网络投票评选，从调查研究、创意设计、成果展示、作品推广诸纬度进行评价，启迪创意，促进成长。

郑州二十三中的6名学生在4名教师指导下，灵动使用图形化编程平台，开展"程序设计视角之数学美探究"项目。他们制订研究手册，综合语文、数学、艺术、创客、计算机学科知识和方法，数学爱好者和程序爱好者团结协作，深度学习和发展逻辑思维、编程思维、计算思维，从美观、创新、演示三个方面进行综合评价，精致探索数学之美。

郑州二十六中的6名学生在3名教师指导下，探秘"奇妙的无影灯"项目。他们从生活中的物理出发，分工合作，动手研究，综合语文、数学、英语、物理、美术、信息技术、劳动教育学科知识和技能，深度进行探究性学习，反复实践体验和原理推断，经历"思考—尝试—发现—再思考—再尝试—再发现"成长过程，实现最佳选择，开展小组、探究、成果等方面系统评价，在教师、专家、社区大力支持和专业指导中，获得了丰富的成长经历。

郑州七十六中的5名学生在4名教师指导下，专注"制作我心中的微电影"项目。项目团队综合语文、数学、美术等学科知识和方法，精心制订主题方案，认真行动实践，细致记录生活，创意微电影表达心声、传递快乐，自编、自拍、自导、自演，视频记录研究性学习方法，隆重举行校园奥斯卡拍客大赛，落实团队、编剧、表演、摄影、剪辑、成果综合评价，反思、总结成功关键和技术心得，坚守心中最美的拍客精神。

郑州三十四中的7名学生在1名教师指导下，聚焦"寻找超级英雄"项目。他们沿着头脑奥林匹克大赛的方向，组建英雄团队，综合语文、数学、物理、历史、艺术、信息技术等学科知识和技能，在解决问题的过程中，展开想象、创意剧本、创意表演、创造制作、实验探究，巧用纸箱魔方场景转换，实施协同创造、展示综合评价、家校共育创新人才。

金水区四月天小学的 4 名学生在 3 名教师指导下，研究"动力大探秘"项目。他们勇敢挑战头脑奥林匹克大赛，兴趣小组精心制订计划，综合语文、数学、科学、艺术、工程等学科知识和技能，进行调查研究、旧物利用、采访专家、动手实践、创意表演。他们像科学家、艺术家一样创造、设计、制作，作品丰富多彩、不断升级，评价思维、合作、创造、展示等多方面能力得到提高。

郑州七十七中的 4 名学生在 2 名教师指导下，认真培养了"指尖上的手机壳设计与制作"项目。兴趣小组综合运用语文、数学、化学、生物、美术等学科的知识和方法，突出个性和品位，不断优化方案，探究水晶滴胶和流沙手机壳制作。在校园展示中调查收集反馈数据，优化制作流程，认真参加金水区创客博览会，落实小组合作、手绘制图、设计制作、汇报交流等综合评价，家校聚焦学生兴趣，助力成长发展。

"很多人都觉得优秀是因为有天赋。其实，天赋异禀的人很少，真正让他们出类拔萃的是全心投入和用心付出。拥有得天独厚的优势固然重要，但更多时候，优秀靠的是日复一日的持续努力。"8 所学校 8 个研究性学习项目团队，通过全心投入，用心付出，不断续写着他们的美丽故事，创造着他们的幸福生活，凝练着他们的优秀品质。让我们一起在项目学习活动中珍视生命中的美好！

原郑州市金水区教育发展研究中心副主任

郑州市第七十一中学校长　徐建志

文化认同与创新

　　文化认同是最深层次的认同，是民族认同、国家认同的重要基础，是精神纽带。挖掘教材、生活中的文化因素，追根溯源、深入研究，获得文化认同，这对丰富孩子们的精神世界具有深远的意义。鼓励学生从"小我"做起，参与班级、学校文化的构建，为集体、中国文化发展和全人类共同价值的实现分享个体的创造方案，感悟中国智慧，让源远流长的中国文化精神，得以继承与发展，融合与创新。

如何设计和制作风筝

一、项目是怎么产生的

每到放风筝的季节，我们经常看着飘在空中的风筝，心生羡慕。在美术课上学生们也尝试过制作风筝，但是一直没有成功，他们感到困惑的是，为什么自己制作的风筝很难飞起来，而买的风筝却很容易起飞。风筝的原理到底是什么？自己制作风筝时需要注意什么？带着这样的疑问，学生们打算进行探索，并寻求教师的帮助与指导。

二、项目是什么

了解有关风筝的知识，研究风筝的原理、风筝制作流程、风筝的展示形式，制作一个能飞高飞远的风筝。

三、项目做什么

（一）项目目标

（1）了解风筝的原理、历史和发展。

（2）了解风筝的造型、色彩、样式。

（3）认识制作风筝的工具和使用方法，设计风筝造型，制作风筝。

（4）最终完成一个具有设计感和美感并且能够飞起来的风筝。

（二）困难与挑战

（1）如何让风筝的样式既具有现代感又没有违和感。

（2）如何设计并制作出有美感且能很好平衡的风筝骨架，让风筝飞向蓝天。

（三）涉及学科知识

涉及学科知识思维导图，如图1所示。

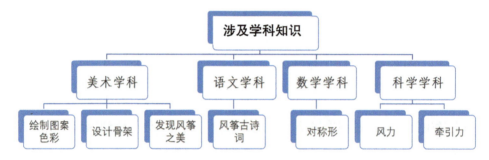

图1　涉及学科知识思维导图

四、项目怎么做

（一）谁来做

5位对风筝感兴趣的同学成立了研究小组，在教师的带领下，小组成员拜访了"宋室"风筝传承人宋长虹。于是，宋老师、王瑶老师和我们共同制订了切实可行的研究计划和实施方案。

（二）怎么做

1.了解不同地域风筝的特点，进行实地考察和资料收集

了解不同地域风筝的特点，对于小组成员收集资料和设计风筝非常重要，小组成员可以在不同地域的特色中找到属于自己风格的风筝创意。于是在书

本和网络中查找资料，并走访开封，感受风筝文化，获得相关知识。

2.设计风筝造型并完成制作

制作风筝第一步需要设计风筝的造型，可以是传统的花、鸟、鱼、虫，也可以选择一些现代素材做参考。研究小组一起设计了一些既有现代元素又能保证对称和平衡的风筝造型。根据草稿造型，设计风筝骨架的分布，并把图画在纸或绢上，进行填色，如图2所示。

图2 小组成员在进行色彩搭配尝试

3.展示风筝

很多时候，风筝在人们的视野中都是在空中飘舞着的，但在校园或者一些活动中放飞一个个风筝不太现实，所以静态的作品如何展示也是小组成员需要研究的一个项目，如图3、图4所示。通过师生探讨和多次摆放，得出以下经验。

图3 装裱精美的风筝标本

图4 小组成员展示风筝

首先，注意整体布局，要设立主题。

其次，对作品进行精美装裱，通过标本展示，可以让参观者更直观地了解风筝的外形和内部的复杂骨架。

最后，在展示时，小组成员搭配"国风"服饰，进行现场风筝制作，让大家了解风筝的制作过程及小组研究的内容。

五、项目做得怎么样

通过收集资料、实地考察、专家采访、动手实践……研究小组取得了出乎意料的成效，不仅呈现了很多精美的风筝作品，还让学生们通过小组合作了解到更多与风筝有关的学科知识，让风筝成了"新宠"，并影响到同学、家长、教师都对风筝产生了浓厚的兴趣。

（一）研究结论

1.了解风筝的原理

让风筝起飞需要了解很多学科知识，如风筝基本都是对称形，无论是骨架还是风筝的面，都是两边对称的，这样风筝能够受力均匀，这里涉及数学学科知识；还有科学学科中的力学原理，它是通过风力的作用和牵引力让风筝平稳上升和保持飞翔。

2.了解风筝的历史和发展

风筝起源于春秋时期墨翟以木头制作的木鸟，由鲁班用竹子改进其材质，逐渐演变成今天的多线风筝。

3.发现了"宋室风筝"的特点

相比于非常有名的"潍坊风筝"，宋室风筝更具有乡土味，题材多以我们常见的虫、鸟、鱼、兽为主，很多具有吉祥的寓意。例如双头鹦鹉风筝是宋室风筝的经典作品，鹦鹉和"英武"谐音，寓意英明神武；鹦鹉也是长寿鸟，双头鹦鹉寓意百年好合，比翼双飞。宋室风筝的特点是造型灵活的"象形"

类风筝，又称"活骨架"，可拆卸、便携带，放飞时还无须助跑。这些都是繁华的汴梁古都历经千年留下的痕迹，也是同学们需要去学习和传承的。

4. 如何在风筝的展示中体现审美和设计感

设计展示主题，例如2021年是建党100周年，研究小组以"童心向党"为主题，用两种形态进行展示。

动态展示：小组进行现场制作并与参观人员互动，向更多的人介绍风筝的制作过程；将风筝挂在展板高处，迎风而动展示风筝的动态美。

静态展示：向参观者展示河南传统风筝的艺术魅力；展示风筝制作的工具，从砍刀、锉刀、蜡烛到竹子、棉绳等，整整十几种工具和材料，让更多的人知道手工风筝的制作是多么不容易。

（二）项目交流

项目团队在郑州市校本教研推进会上进行了展示，得到一致好评。

六、项目评价与反思

（一）项目评价

"如何设计和制作风筝"评价量规

项目	合格	良好	优秀
小组分工情况	分工不合理，沟通少，项目成果不理想	有分工，但是沟通少，能够完成自己分内任务	配合默契，小组成员分工明确，遇到问题共同商讨，请求教师和家长共同完成项目任务
创新制作	了解风筝制作方法和过程，无法对传统风筝造型进行创新	了解风筝制作方法和过程，能够完成制作步骤，有创新意识，在制作风筝中有初步体现	熟练掌握风筝的制作方法和过程，制作精美，能够对传统风筝造型进行创新和设计，让风筝更美观更有设计感
汇报展示	作品没有精品，在汇报中表述不完整	展示作品良莠不齐，讲解清楚，汇报内容较吸引人	有作品成果展示，作品精美，汇报重点突出，内容丰富，特别吸引人
风筝试飞	完成作品，但是无法起飞	完成风筝作品，能够起飞但是不太平稳	制作精美，能够非常平稳起飞，能飞得很高很远

（二）项目反思

在这次小组研究过程中，大家经历采访、制作、展示等活动，收获满满。

杨皓轩同学说：在研习风筝设计和制作过程中，我们不仅能够掌握风筝全套的制作流程，而且还发现风筝中美的元素和一些其他学科知识，在快乐中学到更多东西。

贺子馨同学说：通过研究风筝的发展史，我对风筝有了更详细的了解，它从最初用于通信、军事，到后来发展为娱乐健身项目，科学家还根据风筝研究出了"滑翔机"，实现了人们"飞"的梦想，这让我对风筝更加喜爱了。

王舒涵同学说：我可以在春天放飞自己制作的风筝，骄傲地展示我们项目小组的成果，这是一件令人非常开心的事情。今后我会更加关注风筝的发展，去体会风筝与我们之间密不可分的关系。

朱雨欣同学说：我特别喜欢风筝骨架的制作，它需要巧妙构思造型，从多方面去考虑。通过此次的研究活动，我在学习中和生活中变得更加严谨，能够沉下心来认真完成每一个学习任务。

贺子馨的妈妈说：在这次学习活动中，孩子们学会了发现问题和解决问题，学会了主动思考，也提高了审美情趣，发现了传统工艺的美。

王瑶老师说：通过他们小组的研究活动，孩子们不仅学会了如何制作风筝，而且了解了丰富的学科知识，也懂得了严谨的研究态度，这对他们以后的学习和生活都具有促进作用。

七、参考文献

[1] 柴智茂 . 风筝的制作与放飞 [M]. 北京：人民体育出版社，2004.

[2] 保冬妮 . 中国非物质文化遗产图画书大系——放风筝 [M]. 北京：明天出版社，2018.

学校名称：郑州市金水区艺术小学金科校区

小组成员：杨皓轩　杨一朵　王心贝　贺子馨　王舒涵

辅导教师：杨　振　郑磊勇　王　瑶

我和中药有个约会

一、项目是怎么产生的

现在很多家长选择通过中医、中药来治疗孩子的发烧、咳嗽等疾病。很多孩子对中药产生了好奇心。在家长的支持下，有兴趣的同学组建了一支研究团队，邀请教师做指导，一起研究中药文化。

二、项目是什么

了解中医药的相关知识，学会制作一些简单常用的中药，学会调理自己的身体。

三、项目做什么

（一）项目目标

（1）了解中医药知识。

（2）明白中医药是怎么治病的。

（3）了解中药的种植。

（4）学会制作简单的中药。

（二）困难与挑战

（1）中医药是一个全新的知识领域，有很多内容需要师生去探索。

（2）需要去多个地方实地考察，亲身实践，这对学生的组织能力、自理能力是个挑战。

（三）涉及学科知识

涉及学科知识思维导图，如图1所示。

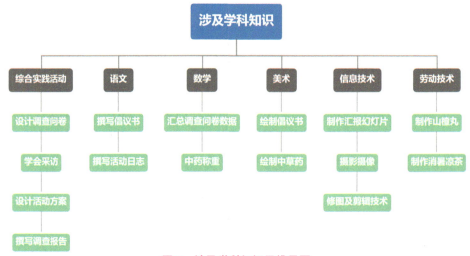

图1 涉及学科知识思维导图

四、项目怎么做

（一）谁来做

学生组成了研究小组，成员有赵之漪、曹喻棋、肖子言、马梓瑄、赵子钰、苏昭戈。

（二）怎么做

在教师指导下，研究小组制订了本项目的研究实施计划和步骤，然后按照计划，一步一步来完成。

时间	活动内容	调研方式	参加人员
7月1—15日	组织开展问卷调查	问卷调查	小组全体成员
7月17—21日	汇总调查问卷，提出问题	数据分析	小组全体成员
7月23日	探访中医学院儿科专家	学习座谈	小组全体成员
7月25日	参观青山药业、中药种植	参加调研	小组全体成员
8月7日	走访乐氏同仁堂	参加走访	小组全体成员
8月15—19日	制作消暑凉茶、品茶交流	实践操作	小组全体成员
8月20日	倡议中药养生、健康人生	发倡议书	小组全体成员

1. 开展问卷调查

依据研究内容，问卷设置10项内容。依照问卷内容，调查小学生及其家庭对中药及中医药文化的认知情况。

2. 调查问卷与汇总分析

对问卷分类、统计后，针对小朋友在中药材认知、中药疗法认同及中药文化传承三个方面的回答情况展开分析，针对"中药材认知度不高、中药疗法认同薄弱、中药文化知识缺失"等问题，小组成员进行研讨，给出相关结论。

3. 拜访中医学院儿科专家

7月23日，小组成员前往河南中医药大学第一附属医院，采访了儿科中医专家陈医生。陈医生讲解了中医在儿童保健方面的常识，教小组成员如何护理身体，并解答了大家提出的中药问题，如图2所示。最后，陈医生给研究小组写了一个增强身体免疫的中药良方，让大家很感动。

图2　小郎中向老中医学习常识

4. 参观青山药业、中药种植基地

7月25日，研究小组参观了河南青山药业和迷迭香种植基地。在河南禹州青山药业，大家见到了国宝级中药"药王"朱青山，在其讲解下参观了中药博物馆，见到了许多中药，聆听了中药的故事与传说，小组成员深切体会到了中药的博大精深，如图3所示。随后，小组成员前去迷迭香中药种植基地进行实地参观。了解迷迭香的功能，如制作精油、泡茶等，感受到了一棵草的神奇，加深了大家对中药精髓的认识。

图3 学生向中医"药王"学习中医药知识

5. 走访乐氏同仁堂

8月7日，研究小组走访了中药老字号——乐氏同仁堂，了解了同仁堂300多年供奉御药的历史，知晓了中药"炮制虽繁必不敢省人工，品味虽贵必不敢减物力"的制药理念，领略了同仁堂"独特配方"的神奇，开阔了眼界，感受到中药文化的底蕴。小组成员还亲身体验了"山楂丸"的制作，近距离体会到了中药的神秘。

6. 制作消暑凉茶、品尝交流

8月15—19日，研究小组到绿茵阁西餐厅、紫荆山公园、社区等地开展实践活动。为了更深入地探寻中药魅力，小组成员在教师、家长的指导下，自拟了独特配方，亲自抓药、熬制，制作了六款可口的"凉茶"。小组成员将凉茶送给了环卫工人、打篮球的叔叔、足球教练与学员们……品尝之后，他们都竖起了大拇指。在韩莹老师的组织下，举办了凉茶品尝交流会，大家都觉得马梓萱制作的凉茶，酸酸甜甜最好喝；赵之漪制作的凉茶，泛红，色泽好；肖子言制作的凉茶相对较苦。最后大家共同制作了一种好喝、好看、还消暑的凉茶配方，经中医专家指导后命名为"溜宝"凉茶，寓意六个小伙伴、六种中药材、味道酸溜溜、甜溜溜。按照配方，研究小组制作了"溜宝"凉茶，送给了酷暑下辛苦工作的辅警、保洁阿姨等。

7. 宣传"中药养生、健康人生"

8 月 20 日，研究小组在小区、街道开展宣传。小组制作了《中药养生、健康人生》倡议书，在各自活动区域进行了宣传活动，目的是让市民认知中药文化，让中药文化在中华大地枝繁叶茂、益然生机。研究小组的宣传得到了市民的肯定，社区还送给研究小组一个"中药文化传播小先锋"的称号。此次活动非常有意义。

五、项目做得怎么样

（一）研究结论

通过此次活动，小组成员了解了多味中药材，感受了中药文化的魅力，对中药文化启蒙教育具有非常重要的意义。本小组通过调研分析，得出了如下调研结论。

1. 以专业眼光看待问题

通过拜访中医儿科专家、参观青山药业与迷迭香种植基地、走访乐氏同仁堂、制作消暑凉茶等系列活动，小组成员对常见的中药材有所认识，了解了中医辨证施治的思想，如普通的感冒分为风寒感冒、风热感冒和暑湿感冒等，这也有助于大家辩证观的形成，真为中医药的博大精深深深折服。

2. 实践出真知

对于传统文化的学习，绝不能拘泥于学校，而应通过多样化实践，提高大家的传统文化素养。比如我们到中药材培育基地，了解中药材种植、生产及其功效；走进大山，搜寻中药材，提高中药材辨识能力，感受大自然与人和谐统一的中药理念；走进老字号，了解"九蒸九晒"的中药制作工序，了解老字号独特的中药配方，感受工匠精神和科学精神。

3. 要学以致用

通过此次活动，了解到更多中医药文化。平日里，可以将红枣、绿豆、南瓜、黑米、山药、陈皮、菊花、三七花等常见的中药材合理搭配，形成有效的膳食。我们要加强对中医药文化的宣传，提高大家的保健意识，正确合理应用中药调理身体。

（二）成果展示情况

1. 电台直播

研究小组参加了河南人民广播电台 FM97.6 节目录制，主题为"我和中药有个约会"，通过中药知识普及、中药知识竞答等方式将实践成果通过无线电波传至千家万户。

2. 会议交流

研究小组参加了"2017 年秋第六届中小学教育国际会议"，将成果进行展示，在国际会议上进行展演，受到了国际友人的赞许。

3. 新闻报道

"我和中药有个约会"实践成果，被《河南商报》《时代青年》《天天快报》等新闻媒体报道，进一步对中药文化进行了宣传。

4. 参加郑州市"劳动教育嘉年华"

此成果参加了郑州市"劳动教育嘉年华"成果展示，其中自制的酸梅汤、山楂糕、凉茶等，卖出了一千多元。

六、项目评价与反思

（一）项目评价

"我和中药有个约会"评价量规

项目	等级		
	优秀	良好	合格
项目设计	能够根据活动主题，在教师的带领下开展整个活动方案的制订。会自主设计"走进中药房"小活动方案。活动方案设计周全、时间分配合适、分工合理，有一定的策划能力和组织能力，在活动中处于核心主导地位	能够和同伴合作设计小活动方案，在"走进中药房"小活动中自主参与大部分活动	能够在同伴的帮助下完成项目设计，能在项目中尊重同伴建议，合作完成属于自己的任务
调查访问	能够设计《中医认同度》调查问卷，会通过街头随机访问、指定人群访问等方法获得合理的、真实的调查结果，能对调查结果进行有针对性的分析与思考，提出解决策略	会设计简单的调查问卷，和同伴协作，运用合理的方法得到调查结果，会对结果提出自己的见解和疑问	能与同伴合作完成问卷调查，勇于开展调查，会整理问卷和结果，将调查结果有次序、有重点地呈现出来
实践操作	会认真观察中药的制作方法，并能够根据调查所获取的中药的特性和中医治疗方法，做力所能及的事情，如中药切片、制作山楂丸、舌诊、熬制汤茶、推拿按摩等	能够根据观察到的制作方法进行简单的操作，如熬制汤茶等，学会与生活息息相关的推拿按摩方法，会和同伴合作完成制作	能在同伴的帮助下，完成制作，在制作过程中遵守制作程序，发挥个人作用
展示推广	会根据活动结果与收获设计合理的展示方案，以《我和中药有个约会》为中心设计主题展示活动，能把个人的收获进行应用推广，制作中药凉茶，发出传承倡议，成效显著	会根据活动过程，与同伴合作完成展示，在推广活动中发挥个人不可替代的作用，具有个人的思想与主张	会和同伴完成成果展示与推广，有自己的想法

（二）项目反思

肖子言同学说："我和中药有个约会"，从中药材认知、中医药认同及中药文化传承三个方面，通过问卷调查、拜访中医儿科专家、参观河南青山药业、乐氏同仁堂、"迷迭香"种植基地、制作"山楂丸"、熬制"消暑凉茶"

及倡议宣传等多种形式，探究了中药文化普及程度、认同感等问题，形成了丰硕的实践成果，我们感到很骄傲。

苏昭戈同学说：通过这次综合实践活动，我们不仅在实践中学习、在实践中感悟，既锻炼了实践、分析与沟通能力，又拓展了见识，而且增强了我们的民族自豪感和中华民族伟大复兴的历史责任感。

马梓萱的妈妈说：在"我和中药有个约会"实践活动的每一个环节，老师本着科学、认真的态度，提前规划、精心计划，指导学生增强实践动手能力，引导孩子们发挥想象力，激发孩子们的创造力，使实践活动深入、规范、丰富。研究结论相对科学，使孩子们拓宽了视野、获取了新知、丰富了阅历。

曹喻棋的爸爸说：在实践活动中，教师注重启发式教育，引导孩子们通过实践活动增长知识和能力。在参观中药馆时，鼓励孩子们品尝熟地、甘草等中药，来增强认知；指导孩子们亲手制作中药凉茶，组织开展品茶会，在教师一步步地引导下，孩子们创新制作了"溜宝凉茶""溜宝暖茶"等。

七、参考文献

[1] 陶景琳．培养小学生中医药文化素养的实践研究 [J]．新课程，2014（2）：172-173.

[2] 钟永莲．让城镇学生粗识中草药 [J]．课程教育研究，2016（5）：224.

[3] 穆传新．浅谈如何认识家乡的中草药 [J]．教师，2014（11）.

[4] 陶艳．中医药传承与发展面临的困境 [J]．中国中医药信息杂志，2008（6）：7-8.

[5] 朱惠芳．以中药为载体促进小学生生活作文的研究 [J]．师道，2015（4）.

学校名称：郑州市金水区纬五路第一小学

小组成员：赵之游　曹喻棋　肖子言　马梓瑄　赵子钰　苏昭戈

辅导教师：张丽娟　张力伟　韩　莹

鼎立中原

一、项目是怎么产生的

金水区工人第一新村小学，坐落在人民路与工二街交叉口，紧邻郑州商城公园和商城遗址公园。由于独特的地理优势，学生每天都能路过商城遗址公园。神秘而宏伟的鼎，吸引着有兴趣的学生。在语文课上有个同学提到商城遗址公园，接着其他同学也谈到看到了鼎，并产生很多问题。于是，教师抓住这个话题，引导学生研究鼎文化。

二、项目是什么

通过此项目学习，了解鼎的外形，它所蕴含的内在力量，以及古老的鼎与现实生活的联系。

三、项目做什么

（一）项目目标

（1）了解鼎的外形。

（2）解密鼎的内涵。

（3）感知鼎与现代生活的关联。

（4）多样化制鼎。

（5）校内宣讲。

（二）困难与挑战

（1）思考测鼎方法。

（2）制鼎。

（三）涉及学科知识

涉及学科知识思维导图，如图1所示。

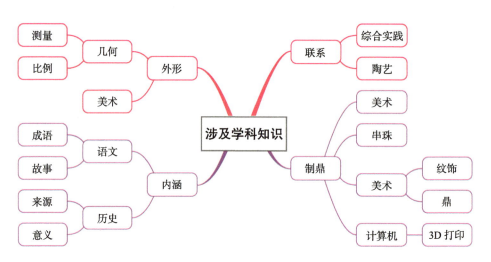

图1　涉及学科知识思维导图

四、项目怎么做

（一）谁来做

"独木不成林""众人拾柴火焰高"，陈梦楠、贾萌萌、李姝尧同学怀揣对鼎强烈的好奇组成了"解密鼎"小组，共同制订解密计划，实施解密方案。

（二）怎么做

在具体实施的过程中，研究小组依据任务，先确定了研究计划、制成解密鼎的思维导图，然后按项目计划进行研究。

1. 通过测绘，了解鼎的外形

为了了解鼎的外在特征，研究小组来到郑州商城公园和河南博物院，对里面具有代表性的鼎进行了大小测量、形状绘制和纹饰绘制。同时，还从河南博物院讲解员的介绍中，了解了新的内容——鼎纹饰的含义。

2. 追根溯源，解密鼎的内涵

了解鼎的外形之后，研究小组把视野聚焦到鼎的内涵上。解密鼎的内涵分为两个阶段进行：一是校内教师讲解，二是外聘专家讲座。

胡亚平老师为研究小组讲授鼎的相关故事传说，以及鼎的相关成语。通过胡老师的讲授，小组成员仿佛穿越回到了夏朝，领略了大禹铸鼎时的仁爱；来到秦朝，感受到了项羽扛鼎的豪迈；走进文学，品味了《红楼梦》与《滕王阁序》中描述的"钟鸣鼎食"；回到现代，理解了中国赠送给联合国"世纪宝鼎"的含义，它象征着和平与发展……

学校还专门邀请河南博物院中原历史文化宣讲团来到学校，为研究小组讲述鼎文化产生的历史背景，介绍鼎的历史渊源。小组成员初步认识了鼎，了解了与鼎相关的知识，如鼎是什么、有什么特点、鼎在郑州的意义和地位、大部分鼎的形态和质地等。

3. 探古寻今，感知鼎与现代生活的关联

鼎不仅传承着上千年的中华文明，而且与我们现在的生活联系也十分紧密。研究小组走上街头，对路人展开采访，了解鼎在古代及现代生活中发挥着怎样的用途。

从美食、交通、礼仪、祭拜四方面，教师将本次项目化学习延伸到了全校，请三到六年级的同学按以下研究计划对鼎进行解密，并制作出手抄报，让更多的人了解鼎与生活的密切联系。

表1 三至六年级活动方案

年级	活动内容	活动目标	活动形式
三	鼎与美食	了解鼎与美食的故事，以及鼎从食器到祭祀用器的演变历史；动手制作传统美食	查阅资料、动手实践
四	鼎与交通	鼎立中原，探索交通在这座城市与人们生活的联系，印证"鼎"与交通在文化上的呼应	收集资料、实地考察
五	鼎与礼仪	了解鼎与礼仪之间的故事，走进古代文化，习得礼仪的重要性	小组合作、问卷调查
六	鼎与祭拜	了解鼎与祭拜之间的关系，走进古代文化，了解祭拜礼仪	亲身体验、动手实践

4.知行合一，多样化制鼎

依托学校现有资源制鼎，研究小组制作了绘画鼎、陶艺鼎、串珠鼎和3D打印鼎。

5.校内宣讲

鼎的历史需要传承，鼎的研究也需要传承，研究小组为一、二年级的同学做了校内宣讲，详细介绍他们获取的知识。

表2 一、二年级活动方案

年级	活动内容	讲解内容
一	初识鼎	鼎是什么，有什么特点，初步了解鼎的形态和质地
二	鼎的故事	了解与鼎相关的成语和故事

五、项目做得怎么样

（一）研究结论

通过本次项目化学习，总结出以下经验。

1.测量大小

在活动中，小组成员用尺子测算鼎的尺寸大小，但是由于鼎太高，够不着，所以利用影子与鼎、铅笔与鼎的比例，计算出鼎的长、宽、高。

154

2.绘制形状

通过观察与测量，小组成员又将鼎等比例缩小，对鼎的形状进行绘制。观察的过程中发现，鼎的形状并非全都一样，为了方便记忆，胡亚平老师还根据鼎的形状编了一个顺口溜："上面像缸，有圆有方；两侧有耳，下方有足；足有几只，三圆四方。"

3.绘制纹饰

小组成员对鼎上的文字和纹饰进行收集和整理，探究鼎造型上的变化。

4.纹饰与含义

从河南博物院讲解员的介绍中大家不仅了解了鼎上面文字和图案的含义，而且还收集了更多的素材和依据，进一步感受了鼎的发展变迁。

5.鼎和美食、交通、礼仪、祭拜密不可分的联系

鼎虽然从食器逐步转变成了祭祀用器，但现在有些锅仍然保留着鼎最初两耳一缸的模样（有些砂锅甚至还保留着足）。鼎，往往是地位高的象征，因此，有鼎的地方通常比较繁华，交通四通八达。鼎与礼仪关系密切，在当今社会仍发挥着礼器的功能。在郑州每年三月三举行的黄帝故里拜祖大典上也有鼎的身影，祭拜用的香炉与鼎的形状也一致。

（二）成果展示

如图2、图3所示，小组成员做出了各式各样的鼎。

图2　我们亲手制作的绘画鼎、串珠鼎

图3　我们亲手制作的 3D 打印鼎、盘画鼎

（三）获奖情况

1. 此项目 2019 年获郑州市综合实践活动课程建设优秀成果奖。

2. 2020 年"探究身边的鼎文化的研究""鼎与交通""鼎与礼仪""鼎与祭拜"研究性学习活动获得区级一、二等奖。

3. 本项目成果在 2021 年郑州市校本教研推进会上进行展示。

六、项目评价与反思

（一）项目评价

"鼎立中原"评价表

姓名：_____　　班级：_____

同学你好，首先恭喜你和你的团队成功完成了本次"鼎立中原"项目化学习之旅！相信你在本次学习过程中，通过亲身体验与动手实践，获得了成长。相信你会如实地根据自己在活动中的表现进行评价：

评价内容	评价标准	评价等级（最高三星）
探寻鼎的内在	详细记录教师、专家讲解的信息；主动、多方面收集信息；会整合信息并根据信息进行合理分析	根据评价标准，完成1项奖励1颗星
探寻鼎的外在	能辨认、讲解鼎的不同形状；会测量鼎的大小，且误差合理；绘制的鼎纹饰形似，美观；能辨别、讲解鼎的材质	根据标准，完成3项奖励3颗星；完成2项奖励2颗星；完成1项奖励1颗星
多样化制鼎	能从绘画鼎、陶艺鼎、3D打印鼎等方法中选取一种自己喜欢的方式制鼎	根据作品从完整、形象、创意等进行评价，完成1项给1颗星
活动汇报	能够积极参加汇报活动；合理进行汇报分工与合作，大方、全面进行鼎的讲解；形式多样，吸引人	根据评价标准，完成1项奖励1颗星
总评	在整个活动中，能够认真积极参与，在活动中有所成长，有所收获	能够认真积极参与，有活动成果奖励3颗星；只能积极参与奖励1颗星

备注：在每一个项目中，都是按照完成情况来评分的。完成情况越好，等级越高。

（二）项目反思

在本次项目学习中，研究小组基本上完成了研究内容。回顾整个过程，总结如下：

陈梦楠同学说：做事要有规划很重要。我们制订了可行的计划，并按照计划实施，顺利完成任务。在这个项目活动中，我们学会了很多东西，比如了解了与鼎相关的历史文化知识，测算时应用到数学中比例等相关知识。

贾萌萌同学说：在采访过程中敢于大胆与路人交谈，能在交谈中加入自己的思考，灵活增加采访问题，特别有成就感。在这次研究之前，我从来没想过鼎蕴含着这么丰富的内涵，希望自己以后能够更加关注生活。

李姝尧同学说：本次学习丰富有趣，收获很大，但我也发现了一些问题：我们的计划可以更详细一些，这样活动可以更加高效；有时我们忙着进行活动，忽略了对过程的记录；有些活动没有留存照片和视频资料，以后要改进。

李姝尧的家长说：学校为孩子提供了很好的特色课程，帮助孩子在身心健康、学科特长、与人相处、创新实践方面有好的发展。这种转变孩子思维的方式，将所学知识与实际生活相结合的学习方式，让学生得到真正成长。

胡亚平老师说：在这个过程中，孩子们的潜能得到挖掘，精神生活和艺术素养得到了丰富和提高。本项目通过学科整合，将校内学习和校外游学相结合，不仅培养了学生的学习兴趣，还为学生打开了智慧大门。

学校名称：金水区工人第一新村小学

小组成员：陈梦楠　贾萌萌　李姝尧

辅导教师：孙冬梅　张　悦　胡亚平

中原陶瓷文化研究

一、项目是怎么产生的

暑假里，有几位同学到郑州大象陶瓷博物馆参观。一上二楼展厅，他们就被展馆里的收藏品吸引住了，有黑陶、白陶，还有唐三彩，这也是五年级美术课本里的知识，没想到这么精美。回到学校后，他们兴奋地告诉老师这个重大发现，并提出想弄清楚它们是怎么制造出来的。老师认为，这是个很有价值的研究，就决定做他们的指导教师一起研究。

二、项目是什么

学生们看了博物馆里的介绍，又上网搜了一下，大概知道了中原陶瓷文化的产生、发展和繁荣的历史进程，于是萌发了进一步了解、研究中原陶瓷文化的想法。

三、项目做什么

（一）项目目标

（1）了解"陶"与"瓷"的主要区别。

（2）了解中原陶瓷文化的发展历程、中原陶瓷文化的主要代表、中原陶瓷在中国陶瓷发展史上的地位。

（3）参观博物馆、陶瓷厂，制作陶瓷杯，亲身实地感受陶瓷文化。

（二）困难与挑战

（1）如何宣传和普及周围人群对中原陶瓷文化的认识。

（2）如何弘扬和传承中国陶瓷文化。

（三）涉及学科知识

涉及学科知识思维导图，如图1所示。

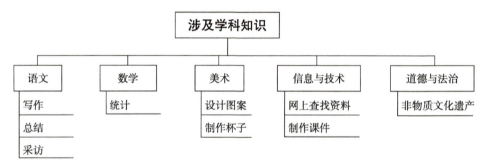

图1　涉及学科知识思维导图

四、项目怎么做

（一）谁来做

班里对此比较感兴趣的同学组建了陶瓷研究小组，并对这个项目进行研究。

（二）怎么做

在教师的指导下，经过小组成员充分讨论，决定通过查找资料、博物馆参观、陶瓷厂实地考察和亲自体验等方式研究中原陶瓷文化。

1. 收集资料

研究小组通过互联网查阅陶瓷文化的资料，知道了中原陶瓷在我国陶瓷文化发展过程中的重要地位和影响力、中原陶瓷文化的传承与发展、中原陶瓷主要派别（代表）等。

2. 实地考察

研究小组通过到郑州大象陶瓷博物馆、河南博物院、红星陶瓷厂、红星陶瓷文化创意产业园等进行实地考察，获得了更直接、更真实的一手资料。

（1）走进郑州大象陶瓷博物馆。郑州大象陶瓷博物馆虽然很小，只是一栋两层的中式建筑，但用唐代鲁山段店窑址残片镶嵌出来的外墙看起来真是既别致又有历史厚重感，里面的展品更是琳琅满目、令人叹为观止。

（2）走进河南博物院。研究小组到河南博物院参观古代陶瓷文物，从中了解陶瓷知识和中原陶瓷文化，更加觉得中原陶瓷文化博大精深，如图 2 所示。

图 2　到河南博物院参观

（3）参观宜阳红星陶瓷厂。研究小组参观了生产车间、包装车间、原料车间、烧制车间与成品车间，了解了陶瓷制造的原材料及抛光、清洗、上内釉、上外釉、喷釉等制造流程和制造工艺。

（4）参观红星陶瓷文化创意产业园（红星陶瓷小镇）。这个产业园是利用原宜阳县第二陶瓷厂闲置厂房建设而成，园内有陶瓷文化展馆、陶瓷产品展销、泥塑、浮雕等专门场馆。在这里，研究小组在工作人员的指导下，亲身体会了陶瓷制作过程，零距离感受陶瓷艺术和文化之美。

（5）请陶瓷厂的专家技术人员为小组成员讲解关于陶瓷制造的基本知识和中原陶瓷文化的相关内容。

3.亲自体验

在工作人员的指导和帮助下，研究小组亲自体验陶瓷制作过程。小组成员自己动手尝试制作一些简单的东西。

马上要毕业了，小组成员商量决定制作一些杯子，再把小学毕业照片印刻到杯子上，送给他们可亲、可敬的老师们留作纪念。

研究小组制作的杯子在班级、学校进行了展览，如图3所示。虽然杯子的设计还有些稚嫩，但很受同学、老师们的喜爱。

图3　班级纪念杯

五、项目做得怎么样

（一）研究结论

通过本次实践研究活动，研究小组知道了中国陶瓷文化是中华文化的精粹，在中外交流中占有重要地位；中原陶瓷文化在我国陶瓷文化中长期处于引领地位；感受到了中原陶瓷文化的丰富内涵，了解了陶瓷主要流派，知道了陶瓷的制作方法与技艺。

1.中国陶瓷文化在中外交流中占有重要地位

中国陶瓷文化是中华文化的精粹之一，它展现了中国的风采和魅力，是中华文化的重要载体、象征和标识。它在中国文化发展史和中外文化交流史上占有极其重要的地位。

2.中原陶瓷文化在中国陶瓷文化史上长期处于引领地位

中原地区自古就是中国陶瓷的重要产地，有着悠久的制陶历史和灿烂的陶瓷文化，在我国陶瓷文化发展史上长期处于领先地位，素有"名瓷之乡"的美称。据历年的文物普查资料显示，河南先后在25个市县发现319处古代瓷窑遗址，位居全国各省区古瓷窑遗址数量之首。

3.陶瓷流派

"唐三彩"是中原陶瓷文化的代表之一，它吸取了中国国画、雕塑、丝绸艺术等工艺美术的特点，是一种具有中国独特风格的传统工艺品。钧瓷是中原陶瓷艺术的代表之一，它始于唐，盛于宋，是中国古代五大名瓷之一，自古就有"黄金有价钧无价""家有万贯，不如钧瓷一片"之说，是河南省禹州市特产，中国国家地理标志产品。

4.陶瓷的制作方法与技艺

一件普通的陶瓷餐具至少需要经过原料—模型—抛光—清洗—印商标—打釉—烧制—自然晾干—合格检查—成品等环节才能完成。

（二）成果展示

此项目研究成果在郑州市 2020 年主题为"看见学习，看见成长"的校本教研工作推进会上进行了展示汇报。

（三）获奖情况

此项目获得郑州市中小学生研究性学习成果评比一等奖。

六、项目评价与反思

（一）项目评价

"中原陶瓷文化研究"评价量规

项目	一般	良好	优秀
实地考察	不会观察，没有认真听取讲解，不做记录	会观察，会听取专家讲解，做好记录	非常善于观察，认真听专家讲解，不懂就问，认真做好记录
陶瓷制作	不能制作陶瓷杯子，没有设计，没有色彩	能制作简单陶瓷杯子，设计一般，色彩普通	能制作较为精美的陶瓷杯子，设计新颖，色彩搭配合理
问题解决	在活动过程中遇到问题束手无策，不知道寻求解决问题的路径	在活动过程中遇到问题会寻求解决问题的方法，求助父母、老师或工作人员，使问题得以解决	在活动过程中遇到问题不气馁、不放弃，积极开动脑筋或跟人商量寻求解决问题的路径，使活动得以顺利进行
成果展示	展示的研究过程、陶瓷的制作步骤及个人感悟收获，比较简单	能给同学们讲解、展示这次活动的研究过程、陶瓷的制作步骤及个人的感悟收获	能给同学们精彩地讲解展示活动的研究过程、陶瓷制作步骤及个人感悟收获和推广

（二）项目反思

这次研究活动与以往参加的活动不同，活动时间较长，活动范围广，活动广度深，参与活动的每一个人都有所收获、有所感悟。

梅元哲同学说：在参观陶瓷制作的过程中，我明白了每一件精美的瓷器背后，都蕴藏着劳动者的辛勤付出。我觉得做人就像制作瓷器，也需要经过塑造打磨、千锤百炼，才能成长成才，成为一个对社会有用的人。

王莹琪同学说：了解到每制作一件陶瓷都要经历100多道工序，我深刻地认识到原来一个小小的盘子也是如此来之不易！

郑壹宸同学说：在这次研究活动中，我学到了许多课本上没有的知识，丰富了我的头脑，增长了我的见识，还让我学会了如何处理人际关系，学会与人沟通、交流和合作，增强了团队意识和集体主义观念。

冯以诺同学说：参加这次研究性学习活动，我感到收获很多。以后我要积极宣传我们博大精深的中原文化。真希望多参加一些这样的活动。

寇家赫同学说：参观完整个生产流程，我感受颇深。在这酷热的夏天，生产车间里温度很高，只有寥寥几台大风扇，但每个人都有条不紊地工作着，比较之下，我们坐在凉爽的空调房间里写作业是多么幸福啊，我们还有什么理由不好好学习呢！

白佳昊同学说：我了解到陶瓷加工所需要的各种原材料（如高岭土、万解石、萤石等），为了环保，都是封闭式储存，还要配备粉尘处理器、污水排污池进行处理，真的是保护环境"厂厂"有责、人人有责啊！我不由地伸出了大拇指。

王莹琪的爸爸说：支持学校以后多开展这样的项目学习活动。看到这几个孩子一开始有为难情绪，后来积极面对活动中遇到的困难和问题，逐步掌握收集文献和调查研究的方法，不但收获了知识，也体会到了学习的快乐，学生得到了更好的成长。作为家长，内心是欣慰的，感谢学校提供这样的学习活动。

常晓花老师说：这几个孩子在中原陶瓷文化研究性学习活动中不仅学到了许多课本上没有的知识，而且也锻炼了人际交往能力和团队协作能力，还提高了学生自主创新和实践能力。我也收获挺多的。知道了陶瓷文化的发展历程，认识了很多精妙绝伦的陶器和瓷器，知道了官窑、民窑之分，了解了宋代的五大名窑等。

白秀彩老师说：这次活动锻炼了学生的实践能力、创造能力和沟通能力。孩子们在研究活动中学会求知、学会做事、学会共处、学会做人，提高了自身综合素质，增长了社会阅历，锻炼了交际能力，丰富了社会经验，与我国当前的素质教育高度契合。

关春霞老师说：这种项目学习，使学生在获取知识的同时，也体验、理解和应用研究问题的方法，培养了他们创新精神和实践能力，这是推进素质教育不可或缺的有效途径。另外，怎样把中原陶瓷文化遗产保护好、研究好、传承好、发展好，是值得我们深入思考的。

七、参考文献

[1] 中国硅酸盐学会. 中国陶瓷史 [M]. 北京：文物出版社，1982：214.

[2] 陈万里. 陈万里陶瓷考古文集 [C]. 北京：紫禁城出版社，1997：244.

[3] 贾兵强. 历史时期中原陶瓷文化传承与发展 [J]. 美与时代（下旬刊），2017（6）.

[4] 高守雷. 陶瓷文化的素质教育功能及实现途径研究 [J]. 艺术教育，2015（3）：261-262.

学校名称：郑州市金水区黄河路第二小学
小组成员：王莹琪 梅元哲 寇家赫 白佳昊 郑壹宸 冯以诺
辅导教师：常晓花 白秀彩 关春霞

中式校服的研究与设计

一、项目是怎么产生的

在现实生活中，我们总能听到这样的声音："我不想穿校服，太难看了""我想穿自己的衣服""校服没有一点特色，不喜欢"……同学们对校服的怨念似乎从来没有停止过。学校的校服要么是肥大的运动装，要么就是模仿西方的"英伦风"，不能够展现学生的个性。师生都有这种共同感受。于是，教师召集对此感兴趣的同学，决定共同来探究与设计一款新的校服。

二、项目是什么

在校园生活中，校服代表什么？什么样的校服既能彰显个性、体现学生的特色，又符合现代审美、方便实用？师生决定试着设计一款具有特色、个性的校服。

三、项目做什么

（一）项目目标

（1）了解学校现在使用的校服款式及大家对校服的看法和期待。

（2）了解中国传统服饰文化的相关知识。

（3）了解校服的历史。

（4）设计融入中国传统服饰文化元素的校服。

（二）困难与挑战

（1）中国文化博大精深，服饰文化也有着深厚的底蕴，相应的资料也很多，归纳整理有难度。

（2）将中国汉服元素和谐、巧妙地融入校服中，让同学们喜欢。

（三）涉及学科知识

涉及学科知识思维导图，如图1所示。

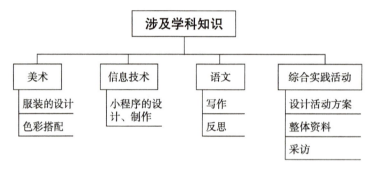

图1　涉及学科知识思维导图

四、项目怎么做

（一）谁来做

感兴趣的六位同学和四名教师共同建立了研究团队。

（二）怎么做

"凡事预则立，不预则废。"师生共同制订了小组活动方案，设计了收集资料、采访、设计、展示四个活动步骤。

1.收集资料

首先研究小组进行资料收集，通过对《校服发展历史　中国校服百年变迁史》《中国古代服饰研究》及网络上关于汉服文化的学习，他们了解了许多相关知识，积攒了很多素材，并对资料进行了归类整理。

2. 采访

通过讨论，选定了同学、家长和校领导为采访对象。通过采访，研究小组发现：85% 以上的同学更重视校服的款式，希望校服能潮一些，更有特色一些；而 100% 的家长都关心校服的质量；校领导除了重视校服的质量，更希望校服能体现学校的特色和理念。

3. 设计

在教师和学校领导的鼓励下，研究小组开始了自己的设计之路。小组成员通过讨论，确定了校服设计思路——结合中国传统文化，融合校园文化，设计出具有特色的新校服。在设计初期，大家遇到了很多困难，教师一直鼓励学生大胆设计。通过不断的设计、修改，研究小组设计出了几套既融入传统文化元素，又体现学生个性、样式新潮的校服，如图 2 所示。

图2　设计的校服款式

4.展示

项目成果通过两种方式进行展示。

（1）将校服设计稿在校园内进行推介。小组成员走进各班教室，向同学们和教师们推介设计理念。

（2）利用各班的家长微信群发起投票活动。利用微信小程序设计投票。这样既能让更多的家长和同学看到设计，软件系统又能直接统计投票结果，省去了后期统计的工作。最终余培文同学设计的校服票数最多，最受大家喜爱。

五、项目做得怎么样

（一）研究结论

通过一系列的项目研究，小组成员有了很多的收获，也解决了很多问题和困惑，并得出了以下结论。

1.校服是学校的标识

校服是一个学校形象的象征。学生统一穿校服，有利于培养他们的团队精神，增强集体荣誉感，能够减少同学们的攀比心和虚荣心。所以，校服必须穿，穿出自信。

2.融入汉服元素的校服深受同学们的喜爱

中国有着五千年的悠久历史，服饰文化源远流长。将深厚的汉服文化元素融入现代校服中，既能彰显个性，与众不同，又能彰显传统文化，有利于中国传统文化的发展与传承，深受同学喜欢。

（二）成果交流

本项目在 2020 年郑州市校本教研工作推进会上进行了展示，受到与会领导与教师们的高度肯定和赞扬。

（三）获奖情况

本项目在金水区第六届中小学"能力生根"评比活动中获得一等奖、优秀小组奖。

六、项目评价与反思

（一）项目评价

"中式校服的研究与设计"评价量规

项目	☆	☆☆	☆☆☆
小组合作	收集、整理汉服、校服资料，画好设计图，偶尔有拖沓现象，缺乏沟通意识	能独立收集、整理汉服、校服资料，画好设计图，与小组成员沟通良好	在完成自己任务的同时，能够主动帮助同伴，建立良好的互助关系，与小组成员和谐相处

项目	☆	☆☆	☆☆☆
资料收集和整理	汉服、校服资料缺乏，没有进行归类整理	汉服、校服资料较丰富，进行了简单的归类整合	汉服、校服资料丰富，进行了有序的归类、整合、提炼
设计图	线条粗糙，设计图无色彩，绘制图案没有融入传统文化元素，无设计意图	线条清晰，色彩搭配较为合理，比例协调，造型标准，结构准确，无设计意图	线条清晰、流畅，粗细恰当，色彩搭配较为合理，比例协调，造型标准，结构准确，构图美观，排版合理，详细阐述了设计意图和思路
推介展示	能简单地介绍自己的设计、构思、融入的传统元素	能够清楚介绍自己的项目研究和设计构思、融入的传统元素，陈述出亮点	仪态优雅，自信大方，用有感染力的语言介绍自己的项目和设计理念，以生动、有感染力的方式推介自己的设计，以实物服装展示，大胆为自己拉票

共摘_____颗星。

（10颗及10颗以上为优秀；7~9颗为良好；5~6颗为一般；5颗以下为需努力）

（二）项目反思

项目结束后，小组成员进行了反思和总结。

蔡佳瑜同学说： 通过这次项目学习，我感受到了中国文化的厚重，小小的服装凝聚了先人们那么多的智慧，一个图案、一个配饰都有着丰富的内涵。我更热爱中国传统文化了。

蔡佳琪同学说： 没有想到，一件小小的衣服竟蕴藏着这么多的知识和文化，真的是生活处处皆学问。

昝欢麒同学说： 我们小组的同伴们互帮互助，让我真正感受到了"人多力量大"这句话的含义，同伴们无私的帮助，让我感动，也让我感到温暖。

余培文同学说： 在这次项目学习中，我和我的小伙伴们有时意见不合，甚至发生了争吵，但我们都没有在意，志同道合的伙伴朝着一个目标努力的过程很快乐。

鲍润泽同学说： 作为男生，我对衣服和美也有着自己的理解和喜好。谁说男生不能爱美，不能追求好看的衣服。事实证明，只要肯钻研、下功夫，就能做好，我的设计一点不比别人差。

王子轩同学说：在这次项目学习中，画设计图对我来说有些困难，特别感谢同伴对我的帮助，让我能够将自己的想法诠释出来。对于设计，我也越来越有信心了。

蔡佳瑜的妈妈说：这样的研究活动会成为他们一生的财富，相信孩子们越来越会学习与探究，会合作和交流，会思考与创新，我为他们感到骄傲。

李梦月老师说：孩子们能在自己的校园生活中发现问题，能够通过小组的力量合理规划项目学习活动。在遇到问题时，能够迎难而上，他们对待研究和设计的认真态度，让身为教师的我都不禁佩服起来，感动于他们的认真，更欣慰于他们的成长。

七、参考文献

[1] 沈从文 . 中国古代服饰研究 [M]. 上海：上海书店出版社，2011.

[2] 王德增，闪荣生 . 综合实践活动 [M]. 郑州：海燕出版社，2016.

学校名称：郑州市金水区金沙小学

小组成员：蔡佳瑜　蔡佳琪　鲍润泽　余培文　王子轩　昝欢麒

辅导教师：王　林　李梦月　张艳彪　马新柳

毕业文化衫

一、项目是怎么产生的

小学六年，学生从天真烂漫的儿童成长为身强体健、阳光向上的少年，现在即将小学毕业，怎样才能留下对小学时光的美好回忆呢？经过同学们的讨论，大家一致赞同通过制作毕业文化衫这项活动来给我们的小学生活画上完美的句号。于是，制作文化衫这一项目就顺利产生了。

二、项目是什么

（一）项目目标

（1）了解与文化衫相关的知识。

（2）设计并制作符合小组主题的文化衫。

（3）创意毕业文化衫展示。

（二）困难与挑战

（1）找到适合主题的元素、符号和色彩，设计出具有个性和内涵的文化衫，是学生们面临的最大挑战。

（2）合理搭配色彩，亲手制作文化衫，对学生们来说也是有一定难度的。

（三）涉及学科知识

涉及学科知识思维导图，如图 1 所示。

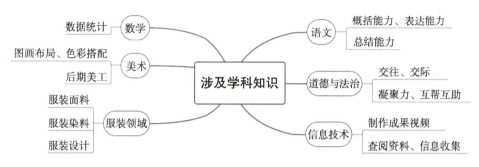

图 1　涉及学科知识思维导图

三、项目怎么做

（一）谁来做

学生们自由结合成立了研究小组，大家集思广益，确定了设计的主题："匆匆那些年。"

（二）怎么做

1.建立小组公约

在活动前，小组成员举手表决，推选程龙雨为队长。他们制订了大家都必须遵守的小组公约，同时制订了切实可行的活动计划和实施方案。

2.项目的准备工作

最初研究小组以为制作文化衫就是把自己喜欢的图案绘制到文化衫上即可，但随着研究的深入，他们发现事情并不像想的那样简单，图案的设计、色彩的搭配、绘制工具的选择、布料对调染材料的影响等都是很讲究的。于是，研究小组的准备工作越做越充分，笔记、材料也越准备越厚。

3. 确定文化衫设计图

研究小组的设计理念是教师对同学们的爱与不舍、同学们对未来学习生活的期待，但最初的设计图案不能体现想表达的理念，后来在教师的指导下小组成员采用图文结合的方式突出主题，一目了然。毕业文化衫设计图经过六轮讨论、四次修改最终确定了下来，如图2所示。

图2 文化衫设计图

3. 制作文化衫

制作文化衫需要准备丙烯染料、画笔、勾线笔、纯白色 T 恤等。绘制时在文化衫上打底稿勾线是有些挑战的工作，要有足够的耐心和绘画功底才能完成。通过努力，研究小组克服了困难，出色完成了任务，如图3所示。

图3 文化衫

四、项目做得怎么样

（一）研究结论

1.图文并茂的形式更利于主题的体现

起初研究小组设计了很多图案，但都不能完美体现他们的设计理念，后经教师的指导，选用了图文并茂的形式，达到了预期的效果。研究小组还有一个小创新——在文化衫背面留出签名区域，这个设计让每一件文化衫都有专属的签名区。

2.使用丙烯颜料上色的几个小技巧

丙烯具有易干不易掉色的特点，因此涂色时要果断和细心。为了调配出需要的颜色，小组成员查找了很多资料，并进行反复尝试，争取让每一种色彩都能绽放。

3.毕业文化衫款式创新

平平淡淡的 T 恤衫经过他们一双双巧手的剪裁，圆领改成 V 领，短袖变成无袖，长款变为不规则的款式，只要能体现自己的特色，小组成员都愿意大胆尝试。

（二）成果展示

（1）文化衫作品参加了年级模特走秀展示，好评如潮。

（2）文化衫在"六一文化周"上集中展示，受到了学校教师和同学们的一致好评。

（3）项目成果被拍成视频，作为毕业纪念视频的一部分，剪辑入光盘，发放给六年级的每一位同学。

五、项目评价与反思

（一）项目评价

"毕业文化衫"评价量规

项目	★	★★	★★★
探究过程	小组成员参与度不高；有方案，但是实操性不强；活动时不能自主探究解决问题	小组成员参与度较高；方案经不断修改，能帮助项目较顺利地实施；活动时遇到问题能寻求帮助并解决问题	小组成员参与度高；方案制定切合实际，表述准确，实操性强；活动时遇到问题能自主探究并解决问题
设计与制作	无设计理念；文化衫构图基本切合主题；色彩搭配合理，绘制较完整，较美观	有设计理念；构图切合主题；文化衫色彩美观，绘制技术比较娴熟，作品美观大方	设计理念明确新颖；文化衫紧扣主题，构图精美；色彩搭配适宜，作品有创意
成果展示	部分队员参与，能有一种展示形式；活动过程无分享，没有感受反思、家长评价；展示效果一般	全员参与，至少有两种展示形式；活动探究过程有分享，展示内容有感受、反思和家长评价；探究过程清晰，展示效果吸引人	全员参与，能用两种以上的形式展示；能够清晰、流畅汇报活动探究过程；完整展示成果，展示内容有每一位组员的感受、反思和家长评价
成果推广	能够参与学校举办的毕业文化衫展示活动，但展示不够吸引人	能够主动参与学校举办的毕业文化衫展示活动，能够形式多样地进行展示，给观众留下较深的印象	能够自信大胆积极主动地参与学校举办的毕业文化衫展示活动，有自己独特的走秀方式，利用道具、动作、音乐等来衬托文化衫的魅力，并且全员参与，给观众留下深刻印象

（二）项目反思

程龙雨队长说：最开始我想在文化衫上画图，太简单了，然而万万没想到自己居然在文化衫上打底稿的这个步骤受阻了，在不平整又柔软的衣服上画图充满了挑战。

张润璞队员说：我付出了三个面目全非的 T 恤衫的"沉重代价"，最后还是在黄老师的指导下才打好了底稿！

陈阳光的妈妈说：我最欣慰的是看到了孩子们之间的互相协调与通力配

合。不要总是想着他们还小，孩子们之间的包容、善于学习和不断接受更高的挑战，是他们在这个项目中最大的收获。

黄莹莹老师说：通过项目学习，学生明确了文化衫具有反映时代文化特征的功能，深刻感受到服装设计的文化内涵。学生在学习体验活动中能积极表达自己的见解，在实践中能运用相关平面设计知识，进行有创意的个性化设计，这是项目带给学生的收获。

袁芳老师说：忘不了，他们拿着画笔在绘制时专注的表情；忘不了，他们绘制结束后，拿着文化衫在阳光下晾晒时幸福的笑脸……只有真正参与其中，才能体会到这样的心情。这就是项目学习的魅力所在。

学校名称：郑州市金水区丰产路小学

小组成员：程龙雨　陈阳光　张润璞

辅导教师：翟珊珊　黄莹莹　袁　芳

绘制戏剧脸谱　传承国粹文化

一、项目是怎么产生的

七年级下学期历史课上，学生们学习了第21课《清朝前期的文学艺术》。在本节课中，历史教师重点向学生们介绍了国粹——京剧。一张张色彩斑斓、样式各异的京剧脸谱仿佛会说话，透过脸谱学生们仿佛能看到一个个生动的人物形象，他们很是喜欢。于是，有学生提出想动手绘制京剧脸谱来宣传京剧文化。教师觉得主意不错，力主学生自主探究。

二、项目是什么

制作京剧脸谱并进行展示和宣传，让更多的同学了解相关文化。

三、项目做什么

（一）项目目标

（1）了解京剧的发展历史。

（2）查找资料，学习京剧中不同人物、不同性格的角色脸谱的区别。

（3）让更多的同学及他们身边的人通过京剧脸谱知识的科普，参与到弘扬传统文化的行动中来。

（二）困难与挑战

根据不同的人物角色性格，绘制形态各异的京剧脸谱。

（三）涉及学科知识

涉及学科知识思维导图，如图1所示。

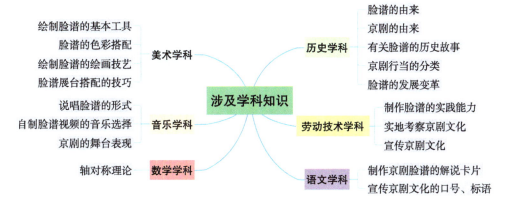

图1　涉及学科知识思维导图

四、项目怎么做

（一）谁来做

对此项目感兴趣的同学组建了"京剧脸谱研究"兴趣小组。

（二）怎么做

在教师、家长的带领下，研究小组开始了本次项目的研究之旅。

1.查找资料，了解脸谱文化

通过阅读《国人必知的2300个京剧常识》一书和上网搜索关于京剧脸谱的基本知识，小组成员知道了京剧生、旦、净、末、丑的不同行当。不同行当脸谱是运用不同的色彩和线条构成的各种图案，以此来象征剧中人物的性格和特质，如忠、奸、善、恶等。

2. 实地考察，深入了解京剧

（1）参观河南戏曲声音博物馆，通过讲解员的介绍，研究小组了解到京剧及脸谱的发展历史和演变过程。

（2）实地走访郑州市曲剧团，向戏曲老师学习京剧的有关知识，并亲身体验和学习脸谱的绘制。

（3）分享成果。经过资料收集和实地考察，小组成员对京剧脸谱的认识深刻了很多。在教师的指导下，小组成员通过拍摄图片、自制视频、PPT 等形式交流分享。

3. 制作脸谱

研究小组开始自己动手制作脸谱。首先准备制作脸谱需要的工具：模具、彩笔、脸谱图片等；其次每个人选择自己想要绘制的脸谱形状，观察它的特点；再次根据自己选择的角色性格特征，用彩笔进行绘制。绘制是最重要的环节，每个人都认真思考线条如何勾画、采用何种颜色才能让作品更精美；最后为了让观赏者更好地了解每个人绘制的脸谱，小组成员为脸谱制作了一张解说卡片。

4. 交流与评估

如图 2 所示，为了更好地向同伴展示作品，研究小组以"你画我猜"的游戏形式展开组内展示环节。游戏规则是将自己的绘制成果与小伙伴分享，让小伙伴猜猜自己绘制的脸谱是哪一个行当，猜测他（她）的性格如何。经过一轮又一轮的互动，同学们的情绪热烈高涨，评选出"你画我猜"环节中猜中最多的同学为最佳猜测小能手；同时也根据优秀脸谱作品评选标准，评选出"优秀绘画小能手"。

图2 脸谱宣传

五、项目做得怎么样

（一）研究结论

1.有关京剧的历史和文化

京剧起源于（清）乾隆年间，当时，为了庆祝乾隆皇帝八十大寿，四大徽班进京。徽调在吸收昆曲、秦腔、京腔等戏曲的基础上形成"京剧"。京剧被称为国粹，它的文化内涵非常丰富，有"唱、念、做、打"四种艺术表演手法。流派主要有谭派、梅派、荀派等，大家熟知的梅兰芳先生就是梅派的创始人。

2. 有关戏曲脸谱的知识

脸谱是一种在戏曲演员脸上的绘画，用于舞台演出时的化妆造型艺术。脸谱由谱式和色彩构成，分为生、旦、净、丑四种。脸谱里每种颜色都有特定的表达意义，在音乐课上教师教的歌曲《说唱脸谱》中就有体现。"蓝脸的窦尔敦盗御马，红脸的关公战长沙，黄脸的典韦，白脸的曹操，黑脸的张飞叫喳喳……紫色的天王托宝塔，绿色的魔鬼斗夜叉，金色的猴王，银色的妖怪，灰色的精灵笑哈哈……"通过查找资料，小组成员明白了脸谱中红脸代表忠勇，黑脸代表猛智，蓝脸代表草莽英雄，白脸代表凶诈凶恶，金脸和银脸是神秘，代表神妖。

3. 绘制脸谱的基本方法

脸谱绘制可以按照设计—起形—上色三个步骤进行。设计时为了能让脸谱更加左右对称，小组成员使用数学学过的轴对称理论，采用辅助线起形，以此让线条更加流畅、美观。上色的时候，要特别注意脸谱的颜色是否鲜明。

4. 布置展台的基本原则

布置展台要讲究主体突出，从远处看要给人视觉冲击；摆放的时候要注意展品错落有致，避免过高或者过低，同时还要讲究色彩搭配，避免观看者审美疲劳。

（二）展示活动成果

研究小组在校园内通过电子大屏幕、实物展台等不同方式进行京剧脸谱的宣讲、互动，得到了教师和各位专家的肯定和鼓励。

六、项目评价与反思

（一）项目评价

"绘制戏剧脸谱传承国粹文化"评价量规

项目	初级	中级	高级
脸谱制作	能在规定时间内根据现有素材简单地绘制脸谱，但线条不流畅、颜色单一、左右不对称	能在规定时间内根据现有素材较好地绘制脸谱，线条流畅、颜色多样、左右基本对称	能在规定时间内根据现有素材成功地绘制脸谱，线条流畅、颜色饱满、左右对称，有明晰的设计理念，视觉效果好
脸谱展示	能使用自制解说卡片用1~2句话向他人介绍自制脸谱的基本含义，但呈现内容单一	除使用自制解说卡片，还能采用其他展示方式，如PPT等向他人介绍自制脸谱作品，呈现内容完整	除使用自制解说卡片，还采取其他方式展示作品，如现场表演、短视频等，呈现内容吸引听众
文化宣传	能将作品以"悬挂、平铺＋语言"的形式在校园内宣传脸谱文化	除"悬挂、平铺＋语言"的形式，能另借助1~2种其他辅助工具，如自制宣传手册、现场说唱脸谱等在校园内宣传脸谱文化，视觉效果佳	除了在校园内进行宣传，能通过自制视频、美篇等方式在公众媒体上推广脸谱文化，受众面广，影响大，传播效果好

（二）项目反思

在这个过程中学生学到了很多，收获满满。

杨凯程同学说：这次绘制脸谱，让我了解了脸谱背后的学问。我们学了京剧脸谱的发展历史，可是历史是过去的，我们更应该站在历史的肩膀上看现在、探未来。这次脸谱绘制让我从历史来到了现在，发现学科知识是生动的，更是生活化的！

郭俊毅同学说：当我在历史课堂上学习了知识之后，我们想动手制作脸谱。一开始，我以为这只是历史作业，可在实践中，我们发现这是一个多学科融合的作业，它包含了美术绘画技巧、音乐戏剧表现形式、数学轴对称理论、语文书写表达、劳动技术的实践操作等。可见，知识不是孤立的，我们在学习生活中，只有把知识进行多学科融会贯通，才能达到学以致用。

张登科的妈妈说：这次活动让孩子受益匪浅，孩子以前只重视文化课学习，往往忽视体、音、美这些课程。可这次活动下来，他再也不觉得美术、音乐学科不重要了。为了能够把脸谱画得更精美，孩子还专门请教热爱绘画的爷爷。这个项目学习除了让孩子能力有所提高，还增进了家人之间的沟通，真是一举多得。

刘丰老师说：整个活动过程我们将历史学科、音乐学科、美术学科、劳动技术学科相融合，实现了项目化学习的跨学科交流，改变了学生以往单一学科的学习方式。同学们也感受到了不同学科的融会贯通，丰富了学习体验。整个活动，学生对京剧的感受经历了由"陌生—兴趣—喜爱"的转变过程，同学们慢慢走近京剧并喜欢上了京剧，更爱上了我们的历史课堂。整个项目学习中，看见了学习，看见了成长。

学校名称：郑州冠军中学

学生姓名：杨凯程　郭俊毅　叶婷婷　张伊蕾　张登科

辅导教师：王红兵　张　新　刘　丰　王雅倩　刘梦莹

《绘动童年》——我的第一本书

一、项目是怎么产生的

低年级的孩子们特别喜欢看绘本，因为图画有趣，文字不多，内容新颖，适合儿童身心发展。

我校让学生读数学绘本，有孩子说："老师，我们可不可以自制绘本呢？"其他同学也跟着响应。于是，教师决定成立教师团队，指导学生一起来做这个项目的研究。

二、项目做什么

（一）项目目标

尝试运用 20 以内的数及加减法知识创作属于自己的第一本图画书。

（二）困难与挑战

绘本的创作并没有那么简单，角色选取、绘本插图、故事内容既要符合数学规律，还要全面了解绘本制作过程。

（三）涉及学科知识

涉及学科知识思维导图，如图1所示。

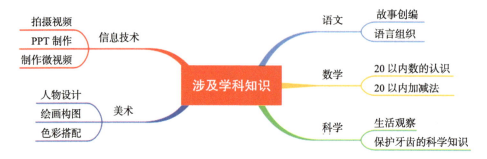

图1 涉及学科知识思维导图

三、项目怎么做

（一）谁来做

两个数学教师、家长和学生共同成立小组来做这件事。

（二）怎么做

1. 收集资料

家长帮助学生一起查阅了小朋友乳牙生长的数量，知道了每个小朋友出生后会长20颗乳牙。为了设计图画新颖有趣，还参考了著名绘本《牙齿大街的新鲜事》的画风。

2. 实地考察

教师带领小组成员在牙科医生处了解了牙医检查的过程和设备，知道了补牙是一件很痛苦的事情，还看到很多治疗牙齿的小朋友在大哭。

3. 绘制草图

教师指导小组成员先绘制绘本草图，要求故事内容及画面都是原创的，手稿内容如图2所示。

爸爸小的时候非常可爱，
圆圆的脑袋，笑起来有20颗
漂亮整齐的牙齿。

但是，爸爸有一个不良的习惯，那就是——爱吃各种**糖**。

有一天，他刚吃了一个棒棒糖，
突然，嘎嘣！！！
一下子掉了3颗牙，
他很难过……
过了一会儿，
他想："没事，我还有牙！"

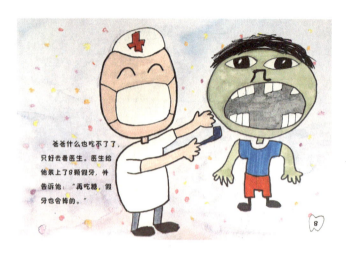

图 2　绘本手稿

4.第一次绘制手稿

第一次绘本手稿只有 11 页，包括封面、扉页和 9 页正文。

小组成员知道了一本规范的绘本要包括封面、封底、前后环衬、扉页及正文。封面除了书名和作者，还要有出版社等内容，封底要有定价。另外正文的页数要双数才行。明白了这些，他们就开始进行绘本的修改与补充。

5.年级分享

教师利用周五的阅读课时间，将《爸爸的牙齿》这本原创的绘本在全年级展示。

6. 反复修改

整个绘本绘制及修改的过程是漫长的，对于要成书的作品来说，要求比较高，故事内容和画面效果都是经过一次次修改才能定下来的。这个过程是小组成员面临的最大的挑战和困难，但最终大家能调整好情绪，积极投入到绘本的创作之中。

7.绘本定稿

经过 3 个多月的反复修改，数学绘本《爸爸的牙齿》终于创作完成了，效果很棒哦！

8.正式装订成册

2020年10月，数学绘本《爸爸的牙齿》由学校正式装订成书。

9.成果展示

制作成微视频，在班级微信群里分享。

四、项目做得怎么样

（一）研究结论

1.绘本的特点

绘本起源于国外，它画面精美，书中的文字少，故事情节生动有趣，还能说明一个道理，特别适合低年级的学生看。研究小组制作的绘本《爸爸的牙齿》，画面美，吸引人，故事有趣。在阅读绘本的时候，同学们能学到20以内的数学知识，还能明白保护牙齿的重要性。

2.制作绘本的过程

一本规范的绘本包括封面、封底、前后环衬、扉页及正文。第一步，确定绘本要讲的故事；第二步，收集资料，进行实地考察，想故事的主要情节；第三步，设计人物形象绘制草图；第四步，寻找教师和同学的帮助，听取他们的建议进行反复修改；第五步，定稿后装订成册。

（二）成果展示

1.在全区进行的整本书阅读交流展示活动中进行视频及绘本的静态展示。

2.在2021年课改中国行（郑州金水）公益师训会暨郑州市金水区2021年小学语文统编教材专题研讨会中进行静态展示。

五、项目评价与反思

（一）项目评价

"《绘动童年》——我的第一本书"评价量规

项目	★	★★	★★★
故事绘图	故事语句较通顺；构图简单，布局较合理，色彩搭配较和谐，不够美观	故事简单易懂，语句通顺；构图合理，具有一定的绘画技巧，色彩搭配和谐	故事立意新颖，语句通顺，具有一定的主旨思想；构图合理，绘画技巧娴熟，色彩搭配和谐，给人以美的享受
学科融合	能体现多门学科知识的融合	绘本能体现多门学科知识的融合，且具有一定的思考性	绘本能体现多门学科知识的融合，数学逻辑清晰，能凸显数学的思考性与趣味性
问题解决	在创作过程中能在教师、家长的鼓励帮助下完成绘本的创作	在创作过程中不畏困难，坚持不懈，能在教师、家长的督促下进行绘本创作	在创作过程中不畏困难，能主动查找资料，征求教师、家长的意见，听取同伴的建议，反复改稿，积极完成绘本创作
成果推广	能主动分享绘本，介绍绘本创作过程，表达能力一般	能主动分享绘本，介绍绘本创作过程，表达能力较强，具有一定的影响力	能积极主动分享绘本，详细介绍绘本创作过程，表达能力强，具有较强的影响力，能激发同伴积极创作的热情

（二）项目反思

任亦苒同学说：我觉得这个活动很有意义，在绘本创作的过程中，很多次我都想放弃，是老师和妈妈的鼓励，让我坚持了下来，经过一年的时间我的绘本终于装订成册。我会继续努力，把我看到的、听到的、想到的用画笔记录下来。

刘浩哲同学说：我一翻开《爸爸的牙齿》就被鲜艳的画面吸引了，我是边笑边流口水读完这本书的。当看到爸爸因为吃太多糖果牙齿坏掉，不得不装上8颗假牙时，我开始心疼自己的牙齿了。为了不牙疼，我决定以后少吃甜食。

任亦苒的妈妈说：在绘本创作初期，孩子是很积极、轻松的，从故事创编到图画完成，基本上都是独立制作。后来虽然有过不耐烦的小情绪，但是她很快能调整好自己，继续耐心地修改绘本，最终她体会到了收获的喜悦。

常瑞珍老师说：《爸爸的牙齿》这本绘本让我们看到了一个善于观察、热爱生活的小作者。她用幽默的文字、稚嫩的绘画语言，讲述了发生在自己身边的人和事。整个绘本色彩清新柔美，故事内容清晰流畅、简洁明了。

管丽老师说：《爸爸的牙齿》这本绘本融合了多门学课的知识，把看似随意的漫画和严谨的算术结合起来，更能引起小读者学习数学的兴趣。我相信热爱生活的孩子一定是快乐的。

学校名称：郑州市金水区纬一路小学

学　　生：任亦苒

辅导教师：冯　宇　张　帆　罗婷婷　常瑞珍　管　丽

在植根文化中铸魂、启智、润心

党的十九大报告指出："文化是一个国家、一个民族的灵魂。文化兴国运兴，文化强民族强。没有高度的文化自信，没有文化的繁荣兴盛，就没有中华民族伟大复兴。""文化认同与创新"这个单元，提供了八个典型案例，从不同视角回答了如何对青少年进行文化启蒙，如何通过项目化学习培育学生的文化自信，在青少年心中播下文化自信的种子，为中华民族伟大复兴提供源源不断的人才支撑。

"如何设计制作风筝"这个案例，主题来源于生活。"为什么自己制作的风筝很难飞起来，而买的风筝却很容易起飞？那么风筝的原理到底是什么呢？自己制作风筝需要注意些什么呢？"带着这样的疑问，孩子们自己确定项目、自己制定项目目标、自发组织项目团队、自主开展项目学习。学习如剥茧抽丝，每弄懂一个问题，孩子们对风筝文化就多了一份理解，孩子们就多了些文化认同，文化自信也便随着学习的深入愈以加深。

"我和中药有个约会"这个项目，关注健康与养生，孩子们从妈妈的药箱中寻找有价值的学习材料，通过调查了解中医知识，明白中医是怎么治病的，在实践与体验中了解中草药的种植，学会制作中药。从小走进中华民族五千多年的文明历史，走进博大精深的中华文化，了解中医药为人类文明进步做出的不可磨灭的贡献，这样会让孩子们更热爱自己的民族文化，更有文化自信。

"鼎立中原"主题引导学生走进社区，系统梳理传统文化资源，让收藏在博物馆里的文物、陈列在广阔大地上的遗产、书写在古籍里的文字在孩子们的测量、制作、阅读等学习活动中都活起来，汲取中华优秀传统文化的思想精华，深入挖掘和阐发其讲仁爱、重民本、守诚信、崇正义、尚和合、求大同的时代价值。

"关于中原陶瓷文化研究"主题源于孩子们在博物馆里的发现。孩子们将馆藏文物与美术课的学习建立关联，引发好奇心和探究欲，进而通过阅读、参观、制作等学习活动了解"陶"与"瓷"的主要区别，探究中原陶瓷文化的发展历程、主要代表，以及在中国陶瓷发展史上的历史地位并体验制作陶瓷杯，从而将我们司空见惯的陶瓷制品纳入中国传统文化的基因序列之中，用中华民族创造的一切精神财富以文化人、以文育人。

"中式校服的研究与设计"主题源于孩子们的生活，孩子们对传统校服的不认可本身就是一种批判性思维，十分难能可贵。孩子们不仅有批判，而且敢于创新、乐于创新，他们了解学校现在使用的校服款式及大家对校服的看法和期待、了解中国传统服饰文化及汉服的相关知识、了解校服的历史和发展并且设计出融入汉服和中国服饰文化元素的校服。整个学习过程有破有立、方法严谨、思维独特，坚持古为今用、推陈出新。

"毕业文化衫"主题源于孩子们的成长需要，文化衫的设计不仅仅属于美学，更是孩子们精神世界的朦胧呈现，代表着孩子们的价值取向。孩子们通过了解与文化衫相关的知识，设计并制作出符合小组主题的文化衫，并进行创意毕业文化衫展示。学习过程具有个性化和开放性，按照时代特点和要求，对那些至今仍有借鉴价值的传统文化内涵和陈旧的表现形式加以改造，赋予其新的时代内涵和现代表达形式，激活其生命力。

"绘制戏剧脸谱　传承国粹文化"主题源于历史课的学习，孩子们对戏剧脸谱的喜爱衍生了学科贯通的欲望。孩子们通过查找资料、制作脸谱、展示脸谱等学习过程，深入了解脸谱这一传统文化形式，加深了文化理解，形成了文化认同，增强了文化自信。

《绘动童年》——我的第一本书"，从题目就能感受到生发于孩子内心的一种自信。听老师说我们现在看到的绘本好多都是国外的，同学们就对老师说："我们也想结合我们的生活和学到的知识来做绘本。"孩子们尝试运用20以内的数及加减法知识创作属于自己的第一本图画书。传承和弘扬中华传统文化，并不意味着故步自封，闭上眼睛不看世界。中华民族是一个兼容并蓄、海纳百川的民族，在漫长的历史进程中，不断学习他人的好东西，把他人的好东西化成我们自己的东西，这才形成我们的民族特色。懵懵懂懂的文化意识和文化自觉已经在孩子们心中发芽了，很美很美！

《中国学生发展核心素养》明确提出：具有文化自信，尊重中华民族的优秀文明成果，能传播弘扬中华优秀传统文化和社会主义先进文化。"文化认同与创新"是落实中国学生发展核心素养的大胆尝试，每一个实践者可以说都是中国传统文化土壤中的拓荒牛。孩子们不仅成为中国文化的探究者、传播者，更是在项目实践的过程中认同了中国文化，为中国文化的博大精深感到自豪。铸就一颗中国魂，开启了智慧，润泽了心灵。

王阳明讲过："立志用功，如种树然。方其根芽，犹未有干；及其有干，尚未有枝；枝而后叶，叶而后花、实。初种根时，只管栽培灌溉，勿作枝想，勿作叶想，勿作花想，勿作实想。悬想何益？但不忘栽培之功，怕没有枝叶花实？"

郑州市金水区经三路小学校长　张仁杰

感悟生命

庄子提出"天人合一、万物有灵"，就是要让人性复归，让人按照人原来的自然天性自由自在地、痛快淋漓地生活。捕捉到孩子们善良的初心、好奇的欲望，给予其广阔、自由的平台，让他们在真实的宽松的氛围中探究、实践、遇见、反思、总结，让他们看见万物的生长，体会到生命的美好，感受人与人之间心灵、智慧的碰撞，感悟生命的价值、做人的担当。

鲜花保鲜手段研究

一、项目是怎么产生的

很多家长喜欢用鲜花把家里装扮得漂漂亮亮，然而鲜花的保鲜期非常短暂，刚买来的鲜花过不了几天就会花谢叶凋，实在令人惋惜。学生在生物课上提出这样的问题：鲜花在离开植物体的情况下，如何才能使它尽可能开得更新鲜而且保持更长的时间呢？在清水中加入鲜花保鲜剂效果如何？哪种保鲜剂效果更好？不同的鲜花是否需要不同的保鲜剂？这些保鲜剂我们能否在家中自行配置？为了一探究竟，学生很快成立了兴趣小组，开始了研究之旅。

二、项目是什么

本项目旨在利用所学的知识，通过科学探究的方法研究不同的鲜花保鲜液对鲜花的影响，希望人们可以利用我们的研究成果延长家中鲜花的花期。

三、项目做什么

（一）项目目标

（1）走访花店了解花店老板常用的保鲜方法。

（2）文献学习获取鲜花保鲜的理论知识。

（3）设计实验并实施实验探究经济实用的鲜花保鲜手段。

（4）表达与交流，撰写研究报告。

（二）困难与挑战

设计并实施实验，尝试改变营养液的成分，掌握延长鲜花保鲜期的方法手段。

（三）涉及学科知识

涉及学科知识思维导图，如图1所示。

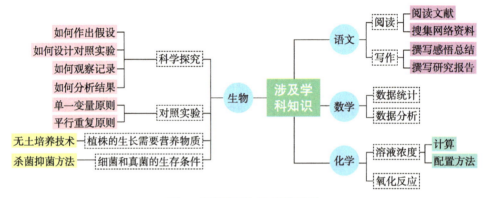

图1 涉及学科知识思维导图

四、项目怎么做

（一）谁来做

在班长全靖俐的号召下，对鲜花保鲜实验有浓厚兴趣的实验研究小组迅速成立。他们爱生活、爱学习、爱探索，他们是来自八年级三班的全靖俐、王天琪、胡奕宁、王海铭、马政旭。

（二）怎么做

通过教师指导，研究小组通过走访花店、查阅文献资料、设计并实施对照实验，尝试通过改变营养液的成分，来掌握延长鲜花保鲜期的方法手段。在本次研究性学习中，小组成员经历了提出问题、获取信息、寻找证据、检验假设、发现规律等有趣的过程。

1. 实地考察

花店老板对鲜花保鲜技术一定很有发言权，小组成员利用假期，结伴实地考察学校附近的几家花店和花卉市场，虚心向花店老板请教，并认真笔录，获取生活中简单实用的鲜花保鲜小妙招。

2. 文献研究

要想全面了解目前鲜花保鲜的研究现状及研究成果，让研究更科学，研究小组需要通过文献寻找理论支撑。于是小组成员在教师的引导下通过中国知网收集了相关文献，并进行了整理和分析，为本研究提供了丰富的理论基础。

3. 设计实验并实施实验

（1）初步确定实验方案。通过召开微信群视频会议，师生共同探讨实验方案，预设实验中可能遇见的问题并提出解决方案，梳理出大致的实验思路，并确定每个同学需承担的实验任务。

（2）小组成员自行设计实验方案，通过微信、电话等积极与老师沟通，不断完善实验方案，并设计出观察记录表，提交兴趣小组微信群。

图 2　小组成员正在实验

（3）小组成员如期进行实验，认真观察记录，如图 2 所示。

（4）讨论交流，得出结论，并反思总结实验过程中的得与失。

五、项目做得怎么样

（一）研究结论

如图 3 所示，通过实验，小组成员发现不同浓度的糖水、盐水、茶叶水、啤酒溶液、维生素 C 溶液对鲜花均有一定的保鲜效果，我们的研究真实、有效，实验严谨、细致，实验结果翔实、实用性高。

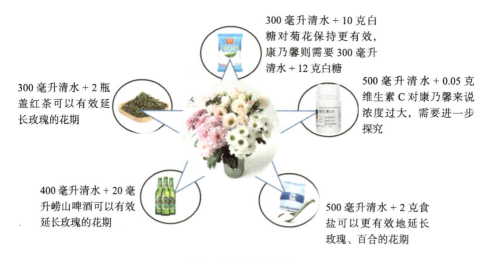

300 毫升清水 + 10 克白糖对菊花保持更有效，康乃馨则需要 300 毫升清水 + 12 克白糖

500 毫升清水 + 0.05 克维生素 C 对康乃馨来说浓度过大，需要进一步探究

300 毫升清水 + 2 瓶盖红茶可以有效延长玫瑰的花期

400 毫升清水 + 20 毫升崂山啤酒可以有效延长玫瑰的花期

500 毫升清水 + 2 克食盐可以更有效地延长玫瑰、百合的花期

图 3　鲜花保鲜手段

（二）成果交流

在 2020 年主题为"看见学习，看见成长"的郑州市校本教研工作推进会上进行了展示。

美丽的鲜花、温馨的背景，再加上研究成果的实用性，吸引了许多参会教师驻足观看。小组成员热情地给参会教师讲解研究过程和结论，对他们提出的疑问——解答，大家对学生的研究成果纷纷表示肯定和赞许，许多教师还表示回去后要亲自试验一下学生推广的保鲜手段。

（三）获奖情况

2020 年，在郑州市金水区第七届中小学生"能力生根"暨研究性学习成果评比活动中，本项目荣获优秀成果奖初中组一等奖，同时被评为优秀活动小组。

六、项目评价与反思

（一）项目评价

"鲜花保鲜手段的研究"评价量规

项目	1分	2分	3分
小组合作	无分工，任务由较少组员完成，小组成员参与度不高	无论是花店实地考察、文献研究，还是实验探究，每个环节有基本的分工，但合作时缺乏有效沟通，有时合作不顺畅	无论是花店实地考察、文献研究，还是实验探究，每个环节都有合理的分工，每个人都有明确的任务，有沟通有协作，合作效果良好
实验分析	在探究鲜花保鲜手段的对照实验中，实验设计有明显漏洞；对于鲜花的状态观察记录不完整；结果分析较为粗略，当实验结果与假设不一致时，不能尊重事实而急于修改假设	在探究鲜花保鲜手段的对照实验中，每一个实验设计步骤基本完整，易实施，易观察记录；对于鲜花的状态每天都有记录，有文字图片，但不够翔实，欠美观；分析实验结果时有理有据，但不够全面	在探究鲜花保鲜手段的对照实验中，每个实验都设计严谨，步骤详细完整；实验记录认真及时，有详细的文字描述，且有美观的照片；分析实验结果时能尊重事实，条理清晰有理有据，语言表达简洁明了。当实验结果与假设不一致时，敢于直面问题，认真分析原因，重新实验
成果展示	在鲜花保鲜手段的成果汇报中，一人汇报，且表述不完整	在鲜花保鲜手段的成果汇报中，2~3 人各有侧重点共同完成汇报，每位同学陈述基本完整，有 PPT 展示	在鲜花保鲜手段的成果汇报中，所有成员共同汇报，每个同学都可以分享自己的实验经历，并能现场答辩，汇报时言简意赅，且配有精美的 PPT 展示

（注：该评价量规中 1 分表示合格，2 分表示良好，3 分表示优秀）

（二）项目反思

参与活动的同学、家长、教师都有不同的收获。

王天琪同学说：这次研究性学习，我们小组成员经历了实地考察、资料查询、小组讨论、完成实验，最终得出结论。在这个过程中我收获了很多。

全靖俐同学说：第一次做有关鲜花保鲜方面的实验，一切都是未知的，需要我们亲自去探索。当遇到困难时，我们或讨论交流，或查阅资料，或询问老师，人人献计献策，勇挑重担，让我体会到团队合作的强大力量。整个过程很快乐，让我们有信心去完成这次实验。

王海铭同学说：我们在实验中会经常运用到生物课本上的知识，如设计实验时一定要做一组清水组，以便与其他组别形成对照实验，这让我对课本知识有了更深层次的理解。能利用所学的生物学知识以及生物学思维去解决生活中的问题，我很有成就感，这让我更加热爱学习。

马政旭同学说：在实验中，每一天都要进行细致的观察和记录，每次都做着重复的事情，我渐渐失去了耐心，有时想偷懒往后拖，但我不停地告诉自己坚持就是胜利，要善始善终，最后我真的克服了懒惰心理。当完成所有的实验时，自豪感油然而生，这种感觉真的很不错。

胡奕宁的妈妈说：孩子长这么大，从来没见过她如此认真地去做一件事。每天早上起来第一件事就是去给小花拍照记录，孩子的学习热情被调动起来了，责任心也增强了，看见孩子的成长我很欣慰。

王天琪的妈妈说：感谢此次研究性学习，通过实验探究，孩子不仅了解了鲜花保鲜的有效方法，而且还知道了怎么去做研究。结论不重要，重要的是孩子的思维得到了锻炼。

贾敏老师说：经过两年的初中学习，学生已经具备一定的科学探究能力。该项目贴近学生生活，切合实际，符合学生认知规律，学生可充分利用所学的生物学知识以及生物学思维去解决生活中的问题。此次研究性学习真实有效，有趣有用，更重要的是孩子们在繁忙的学习生活之余亲历了科学探究过程，让生物学科核心素养落到了实处，学习和成长看得见！

七、参考文献

[1] 中华人民共和国教育部.义务教育生物学课程标准 [M].北京：北京师范大学出版社，2011.

[2] 吕寻艳.家庭鲜花保鲜方法 [J].科教视野，2007（34）.

[3] 孙勇，曲春民，孙志利，等.鲜花保鲜技术及环境影响因素分析 [J].河北建筑工程学院学报，2006（2）.

[4] 张静，刘金泉.鲜花保鲜技术研究进展 [J].黑龙江农业科学，2009（1）.

[5] 刘国荣，时丽冉，冯蕾，等.月季花保鲜方法的研究 [J].河北林果研究，2006（4）.

学校名称：郑州市第六初级中学

小组成员：王天琪　全靖俐　胡奕宁　王海铭　马政旭

辅导教师：李晓燕　贾　敏　吴　梅　班冬梅

经历小鸡孵化　见证生命奇迹

一、项目是怎么产生的

班里开展了生命教育讲座，主要有《生命的意义》《生命的价值》等。但是，同学们对于生命诞生的理解还是比较文字化的，没有更为直观的了解。学生提议能不能通过一次实践活动或实验进一步感受生命的意义。马上要放寒假了，师生选定可以在家做一个长期的实验，感兴趣的同学提出不同的想法，最后决定从孵化小鸡的项目开始。

二、项目是什么

本研究项目通过孵化小鸡、饲养小鸡的过程，掌握孵化小鸡的技术，掌握饲养小鸡的方法，体会生命来之不易，从而感悟要珍爱自己的生命。

三、项目做什么

（一）项目目标

（1）成功孵化鸡蛋。

（2）记录孵化过程。

（3）汇报实践过程，思考生命的意义。

（二）困难与挑战

（1）无孵化器材、无孵化所用的受精蛋。

（2）同学们对孵化的过程、需要注意的事项不了解。

（3）对同学们的责任心是一个挑战。

（三）涉及学科知识

涉及学科知识思维导图，如图1所示。

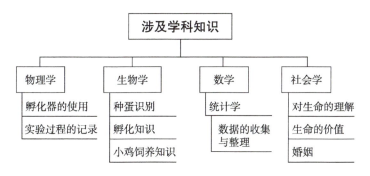

图1 涉及学科知识思维导图

四、项目怎么做

（一）谁来做

经过自我推荐7位同学组建了项目研究小组。

（二）怎么做

1.设计驱动性问题

在教师指导下，研究小组设计的驱动性问题包括以下几个方面：对孵化时所用的鸡蛋有什么要求，孵化时对环境有什么要求，最初的想象与实验的现状有什么差距，生命的延续、个体的差异是否具有偶然性，如何理解生命、感悟生命的意义。

2. 制订研究方案

研究小组先进行研讨，提出问题，然后在教师指导下制订了可行的解决方案。

3. 孵化实验

第一次实验：实验共有种蛋 30 枚，是李乐翔负责孵化的，孵化出 0 只小鸡，孵化率为 0。他在班级进行分享的时候，分析失败的原因有两方面：一是孵化前，他嫌种蛋太脏，先进行了清洗；二是第 9 天时有种蛋炸开了，他没有及时进行消毒，可能造成了交叉感染。

第二次实验：选用种蛋 30 枚，其中有未受精蛋 2 枚，由张嗣尧同学负责孵化，成功孵化出 19 只小鸡，孵化率为 63.33%；共成活小鸡 18 只，成活率为 94.74%，如图 2 所示。本次实验取得了很大突破，大家都很开心。这次实验吸取了前次实验的经验教训，同时特别注意了消毒工作。

图 2　孵化实验

五、项目做得怎么样

（一）研究结论

此次孵化过程十分曲折，共经历了两次试验，一次失败，一次部分成功。就成功的第二次试验来讲，也并非完美。

1. 孵化周期的研究

第一次由于没有孵化成功，未能观察到具体周期。从第二次试验可以看出，孵化出的 19 只小鸡中，第 20 天孵化 1 只，第 22 天孵化 1 只，其他 17 只均在第 21 天孵化成功。因此，在排除某些个体差异和不确认因素后，可以确定鸡蛋的孵化周期为 21 天。

2. 孵化环境对结果的影响

综合来看，孵化环境因素较多，也非常复杂。主要有温度、湿度、清洁度、氧气供应等。

（1）孵化器具备自动加热、翻蛋、空气流通的功能，因此在温度、翻蛋次数和供气等方面不会存在问题。

（2）造成污染的原因分析。

①由于孵化器空间较小（内部空间约 50cm×30cm×20cm），一旦出现污染事故，极易造成交叉感染。

②前期消毒不彻底，孵化过程中也未进行消毒，造成了第一次试验失败。

③所用的孵化器为了保温的需要，只留有数据观察口，没有留内部状态观察口，造成观察不及时，未能发现开裂蛋。

3. 成活率和小鸡饲养

此次共孵化 19 只小鸡，1 只一天后死亡，18 只成活，成活率为 94.74%。小鸡孵化后，采用第二天开始投食小米的办法进行饲养，每天 4 次投放，投放量以大部分小鸡不再进食为限。水的投放量不限。

（二）获奖情况

（1）本项目获金水区研究性学习成果一等奖。

（2）本成果参加了郑州市 2020 年校本教研推进会展示活动，赢得与会领导的高度评价。

六、项目评价与反思

（一）项目评价

"经历小鸡孵化　见证生命奇迹"评价量规

项目	一般	良好	优秀
选种蛋经验	小组成员能够借助工具，比较快地识别出种蛋	小组成员能够借助工具，快速识别种蛋	小组成员能够用多种方法快速识别种蛋
孵化过程	小组成员能够在同学的合作下，运用孵化器，在小组成员的帮助下进行孵化实验	小组成员能够独立使用孵化器，在小组成员的帮助下进行孵化实验	小组成员能够独立使用孵化器并独立完成孵化实验
成果汇报	小组成员能够完整地将整个实验操作流程讲述出来，能够在班级内进行分享与推广	小组成员能够将整个实验的操作过程及注意事项有条理地表述出来，并能够在全校进行分享与推广	小组成员能够将整个实验过程及注意事项清晰地讲述出来，还能将实验原理及所涉及的知识在区域内分享与推广

（二）项目反思

通过本项目的研究，大家收获非常大。

张嗣尧同学说：生命是偶然的，我爸妈在 14 亿人中相遇结合，而爸爸的精子与妈妈的卵子结合又是个偶然，所以我来到这个世界是很不容易的，我要好好珍爱这来之不易的生命。

李乐翔同学说：通过这次研究性学习活动，我发现做任何工作都要脚踏实地，不能想当然。实验之初，我曾自认为"自动孵化器"是全自动的，就有了一种高枕无忧的感觉，产生了麻痹心理。

田杨同学说：我的小鸡养了三天就死了，很是伤心，做科学实验要经得起失败！

田卓辉的妈妈说：通过这次项目学习，孩子们知道了自己来到这个世界是很幸运的，他们好像一下子变成了"大人"。

杨福伟老师说：同学们在此次研究性学习活动中收获还是很大的，在饲养小鸡的过程中能进一步体会到生命不易，从而能敬畏生命，更加珍爱自己的生命，丰富自己的生命。

学校名称：郑州市第四十七初级中学

小组成员：张嗣尧 李乐翔 田 杨 田卓辉 吴佳怡 王钰婷 王余浩

辅导教师：程 雷 蒋 凯 杨福伟 贾晓丽 杨慧民

探秘竹子定律

一、项目是怎么产生的

在劳动课上，学生发现一个个破土而出的小竹笋，经过两周的时间，长成了又高又细的竹子，好神奇啊！学生把这个惊奇发现告诉了老师，老师告诉学生竹子的生长变化都是有规律的，它前期生长慢，是在积聚力量，长到一定程度之后，就会快速生长，有的每天能长十几厘米，让人不可思议。这就是厚积薄发的力量，人们把这种现象叫作"竹子定律"。听完老师的话，学生们叽叽喳喳地追问：这是真的吗？竹子从小竹笋到长大，是不是真的有这样的生长规律呢？除了竹子，在大自然中或者生活中还有没有这样的现象？他们迫不及待地想要研究这些问题。于是，老师决定寻求其他教师一起指导孩子们来研究。

二、项目是什么

上网查阅资料，了解什么是"竹子定律"，竹子定律对我们有什么启示，生活中还有哪些植物遵循竹子定律。

三、项目做什么

（一）项目目标

（1）了解什么是"竹子定律"及竹子生长的习性。

（2）验证"竹子定律"，利用收集、整理和分析的数据，对不同竹子的生长情况进行对比分析，验证竹子生长的规律。

（3）举办"竹子定律"研究成果发布会，让更多的人了解并实践竹子定律。

（二）困难与挑战

（1）坚持定期观察、测量、记录等实践活动，对数据进行科学的对比分析。

（2）验证竹子生长的规律。

（三）涉及学科知识

涉及学科知识思维导图，如图1所示。

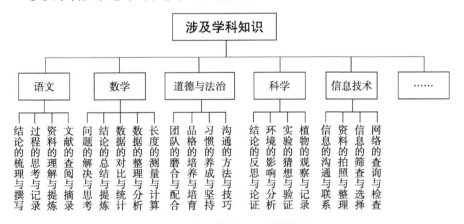

图1 涉及学科知识思维导图

四、项目怎么做

（一）谁来做

对"竹子定律"感兴趣的同学，在教师的帮助下成立项目研究小组，同时邀请家长和 3 位教师共同研究，并制订了详细可行的研究计划和实施方案。

（二）怎么做

在家长和教师的帮助下研究小组查阅了关于"竹子定律"的相关资料，并在校园中寻找合适的竹子进行实地测量、记录和研讨分析。

1. 收集资料

在家长的帮助下，小组成员在课余时间利用工具书、网络等收集资料，了解竹子的种类、生长习性、竹子生长的特性等，收集有关"竹子定律"的相关资料，并做好笔记摘录，做成手抄报。

2. 实地验证

如图 2 所示，小组成员选择刚刚破土而出的小竹笋作为试验竹，并做上记号；和教师一起实地观察竹子的形态，分别在早上和晚上相同的时间点进行两次测量，并记录竹子的现有高度和每日生长的高度。

图 2　小组成员在测量竹子的高度

3.资料整理

如图 3 所示，小组成员对五月和六月竹子的高度进行了记录。

时间	天气	1号		2号		3号		4号		5号		备注
		现有高度	生长高度	现有高度	生长高度	现有高度	生长高度	现有高度	生长高度	现有高度	生长高度	
5.16（白）	晴	13		3.5		28		6				
5.16（晚）	晴	15	2	4.5	1	28.5	0.5	6.5	0.5			
5.17（白）	晴	21	6	6.8	2.3	30.2	1.7	8.1	1.6			
5.17（晚）	晴	21.5	0.5	7	1.2	30.5	0.3	8.5	0.4			
5.20（白）	晴	44	20.5	14	7	31	1.5	14	5.5			
5.20（晚）	晴	44.5	0.5	14	0	31	0	14.5	0.5			
5.21（白）	晴	51.5	7	14	0	32	1	16.5	2			
5.21（晚）	晴	51.8	0.3	14.5	0.5	32.3	0.3	16.5	0			
5.22（白）	晴	55.5	3.7	14.6	0.1	34	1.7	16.5	0			
5.23（晚）	晴	58	2.5	14.6	0	38	4	18	1.5			
5.27（白）	晴	68	20	31	16.4	47	9	49	31			
5.31（白）	晴	86	18	45	14	52.5	5.5	70.5	21.5			
6.2（白）	晴	95.1	9.1	53	8	62.5	10	77.5	7			1号开始长叶子
6.5（白）	小雨	106.5	11.4	77.2	24.2	70	7.5	86	8.5	19		竹子喜水，雨天长得快
6.6（白）	晴	111	4.5	86.5	9.3	82.5	12.5	96.5	10.5	25	6	
6.6（晚）	晴	111.5	0.5	88	1.5	83.1	0.6	97.5	1	27.3	2.3	
6.10（白）	晴	138.5	21	127	39	123.5	40.5	144	46.5	69	41.7	长得最快的竹子是4号，平均1天长11厘米
6.10（晚）	晴	139	0.5	127	0	124.7	1.2	144	0	71	2	竹子有一段时间会长得很快，白天能长2~3厘米
6.11（白）	晴	142	3	138	1	143.5	8.8	160	16	83	12	3号是最细的，长得却不是最快的
6.12（白）	晴	148	6	130	2	153	9.5	169	9	96	13	为什么有时候竹子会长得慢有时候长得快呢？
6.17（白）	晴	156	12	155	25	180	27	175	6	137	42	平均1天长8.4厘米
6.19（白）	晴	167	11	180	25	215	36	201	26	170	33	看来竹子都有自己的生长关键期呀！2天时间长了33厘米

图 3　五月和六月对竹子高度的记录

五、项目做得怎么样

在和小竹林亲密接触将近四个月的实践研究中，小组成员积极思考解决问题、分工合作克服困难，可谓是收获满满，不仅在家长的帮助下学会了怎样运用网络查阅相关资料，还学会了科学观察、测量和记录的方法，在教师的帮助下分析对比数据。在不断学习、研究的过程中对"竹子定律"有了进一步的认识，并将研究成果分享给更多的同学。

（一）研究结论

研究小组在实地测量和验证中发现，竹子的长势受天气和降水量的影响较大，竹子的生长快慢其实也有自己的关键期。

1. 竹子喜水，喜阴，但是水量过大，竹子便不宜生存

在下雨、阴天、潮湿的环境下，竹子一天最多能生长 14 厘米，由此得知，竹子喜水、喜阴；但在 8 月的调查研究中，暴雨居多，于是雨后的竹子被触摸、测量后便容易坏掉，由此得知，竹子虽然喜水，但是当水量过大，竹子便不宜生存；天气干旱时，竹子 1 天最少生长 1 厘米。

2. 竹子生长得快慢其实也有自己的关键期

小组成员每天对竹子进行观察、测量和记录，在对竹子每天生长数据的统计和分析中发现：竹子夜晚的生长速度远超白天的生长速度。竹子一开始生长得特别缓慢，它们主要是在向下扎根，之后会生长得非常快，1 天时间甚至会长 30 多厘米。但是生长到一定高度之后，竹子的生长又会慢下来，甚至不再长高。

（二）成果交流

图 4　讲解研究成果

小组成员以不同的形式进行了研究成果的宣传。

1. 校内宣传

研究小组的成员将他们的观察日记、实践报告讲解给同学们听，并在校级特色学科成果展示时向大家展示他们的成果，如图 4 所示。

（三）获奖情况

在金水区第六届中小学生"能力生根"暨研究性学习成果评比活动中，研究成果"自然之旅——探秘'竹子定律'"荣获一等奖。

六、项目评价与反思

（一）项目评价

"探秘'竹子定律'"评价量规

项目	★	★★	★★★
分工合作	分工合理，各司其职，能够相互沟通，互帮互助，研究进展较慢	分工合理，有意识地进行相互沟通，互帮互助，共同开展研究	分工明确，积极进行交流沟通，互帮互助，研究氛围浓、效果良好
实践研究	有效开展实践，收集部分过程资料，能够在同伴、教师或家长帮助下解决问题	扎实开展实践，有意识地收集完整的过程资料，能够在同伴、教师或家长帮助下发现、分析和解决问题，并主动为其他同伴提供帮助	扎实开展实践，有效收集完整的过程资料，能够发现、分析和解决问题。遇到困难能够主动寻求同伴、教师或家长帮助，并积极为其他同伴提供帮助
小报设计	在同伴或师长的帮助下完成设计，有主题，有内容，有过程，较简单	在同伴或师长的帮助下设计创作，主题清晰，内容丰富，过程完整，排版合理，有一定的特色	独立设计创作，主题明确，内容翔实，过程完备，排版精美，特色突出，获得师生的认可与好评
汇报展示	有意识进行分工汇报，能提出自己的观点，有过程资料支撑，语言表达相对流畅，能够在同伴帮助下答疑解惑	汇报有分工，观点清晰，论证充分，内容较丰富，语言表达流畅，能有效答疑解惑	汇报分工合理，展示形式多样，观点明确，论证清晰，内容翔实，突出亮点，语言表达精准流畅，并能积极答疑解惑，吸引人

备注：优秀：8个及以上★；良好：6个及以上★；一般：4个及以上★

（二）项目反思

杨嘉萱同学说：我喜欢这样的项目活动，虽然遇到了一些问题和困难，但是我和小伙伴们一起想办法，不断思考尝试，最终战胜困难，我从中学到了很多课堂上学不到的知识。

邵若一同学说：我们选取的试验竹是我们学校或小区内的小竹笋，研究的竹子种类较少，得出的结论也有一定的局限性，如果有机会我们可以选择更多种类的竹子进行研究。

邵子存的妈妈说：孩子们在实践活动中锻炼了自己综合运用知识解决问题的能力，体验了项目化学习的过程，从发现问题到提出问题，再到分析和解决问题，他们一步步探索，克服了困难，收获了成长的喜悦。

唐敏行的爸爸说：当我听说孩子们要研究竹子生长规律时，非常高兴，我非常支持这样的学习方式。孩子们将课堂上学习的知识运用到综合性实践活动中，通过自己的努力探索大自然的秘密，这更能锻炼他们解决实际问题的能力。

张郭恒老师说："竹子定律"的研究不仅是一个学习过程，更是发挥学生团体合作解决问题的过程，从不会做到有目的的实践，孩子们的能力和品质得到了不断提升，相信这样的经历一定会在他们心中留下深刻的印象。

张婷老师说：孩子们把校园中常见的竹子作为研究项目，通过查资料、观察、测量、统计、分析、汇报等活动，验证结论，并获得结论，是典型的"实践出真知"。

七、参考文献

[1] 高萍 . 阳光教育体系下的小学数学阳光课堂探微 [J]. 名师在线，2019（26）：10-11.

[2] 刘永新 . "实践与综合应用"的教学生活化研究 [J]. 江西教育，2019（24）：75.

[3] 左强 . 让生本教育理念在小学数学课堂中实施 [J]. 数学学习与研究，2019（15）：157.

[4] 姚罗根，谭宏超 . 竹子果实形态及质量的观察和测定 [J]. 林业调查规划，2008（5）：36-39.

[5] 最高的竹子——印度麻竹 [J]. 科学种养，2017（1）：19.

[6] 姚罗根，谭宏超 . 竹子果实形态及质量的观察和测定 [J]. 林业调查规划，2008（5）：36-39.

学校名称：郑州市金水区第二实验小学

小组成员：邵子存　邵若一　王圣博　唐敏行　杨嘉萱

辅导教师：任彩凤　张　婷　张郭恒　董巧丽

房子怎么变小了

一、项目是怎么产生的

随着城中村的拆迁，我校很多学生家里的房子都拆了，几年后都搬进了小区里面，学生发现现在住的房子虽然和原来的大小差不多，但是，感觉没有原来的大。孩子们问家长、问教师得到的都是碎片化信息。于是，老师决定组建师生小组，一起帮助孩子们揭开这个谜。

二、项目是什么

"建筑面积""实用面积""公摊面积""套内面积""实际得房率"是什么？实用面积和使用面积究竟指哪些？这些面积又都是如何计算出来的？这些面积和什么有关系？高层的得房率高还是多层的得房率高呢？在购买商品房的时候更多考虑的是哪些因素？这些都是小组要研究的内容。

三、项目做什么

（一）项目目标

研究小组通过自己动手实践，利用所学数学知识、语文知识，了解"房子为什么变小了"这一问题。

（二）困难与挑战

（1）了解关于房子面积的一些专业用语，如"建筑面积""实用面积""公摊面积""套内面积""实际得房率"等，这些名词原来听都没有听过，跟家人去看房子的时候，被销售经理说得一头雾水。

（2）实用面积及公摊面积究竟指哪些？哪些与我们的生活息息相关？这些面积又都是如何计算出来的？这些面积和什么有关系？我们大家在购买商品房的时候应该更多考虑哪些因素呢？到底是高层的得房率高还是多层的得房率高呢？

（三）涉及学科知识

涉及学科知识思维导图，如图1所示。

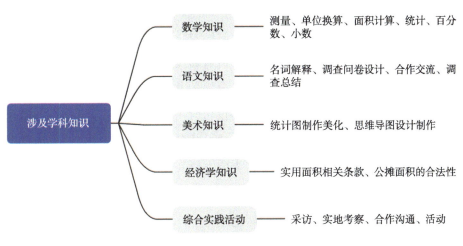

图1 涉及学科知识思维导图

四、项目怎么做

（一）谁来做

班级有6名同学自愿参加成立了研究小组，制订了小组公约，并在团队会议上制订了切实可行的研究计划和实施方案，把这次活动的主题定为：房子怎么变小了。同时有 3 位感兴趣的教师共同参与指导。

（二）怎样做

1. 收集资料，采访调查

首先小组成员查阅相关资料，理解建筑面积及实用面积等的概念及含义；然后对亲戚朋友及小区周边住户进行采访，了解他们住房面积的情况及他们的看法。同时，进行问卷调查，获得更详细的资料。

2. 实地测量

图 2　实地测量并做记录

如图 2 所示，研究小组亲自测量，计算出建筑面积和实用面积及两者之差。

在此基础上小组开始对公摊面积进行测量，把得到的数据进行整理，发现求出来的面积仍然和购房面积有差距。

最后通过进一步的调查发现，公摊面积是分摊的共有建筑面积的简称。公摊面积不仅包含了楼道的面积，还包含整幢楼其他建筑物的面积，如保安室等。所以以后大家在购买房子的时候一定要问清楚你买的房子公摊面积都包含哪些，以免吃了哑巴亏！

3. 提出倡议

研究小组认为很多购房者很在乎实际的得房率，对于大幅度削减的面积很是不解、满是不悦。那么遇到这种情况最重要的是要搞清楚"公摊"面积，目前的购房合同都写明了套内建筑面积和公摊面积，但是公摊面积组成清单却没有，非专业人士一般很难搞清楚，甚至连房产销售员也未必能答得上来。开发商有义务保障购房者的知情权，但同时购房者也必须做好功课，尽可能保障自己的权益。同时也希望相关部门能够引起重视，把人民的切身利益放在第一位，对开发商要严格把控，提高得房率。

五、项目做得怎么样

（一）研究结论

1. 公摊面积、建筑面积、实用面积、套内面积、实际得房率的解释

研究小组通过努力知道了少的那一部分面积叫作"公摊面积"。于是小组又开始在网上查询什么叫公摊面积。电梯井、管道井、楼梯间、垃圾道、变电室、设备间、公共门厅、过道、地下室、值班警卫室等，以及为整幢服务公共用房和管理用房的建筑面积，以水平投影面积计算。"建筑面积"是指建筑物外墙勒脚以上的结构外围水平面积，是以平方米反映房屋建筑建设规模的实物量指标。"实用面积"意指建筑物业中，可单独占用的实际面积。实用面积是从建筑面积中扣除建筑物的公共空间如电梯大堂、天台、天井、台阶等分摊面积，计算得出的面积范围，但不同地区对"实用面积"的定义存在区别，而"实用率"百分比亦没有统一标准。

（二）成果交流

1. 项目展示什么

第一，校内宣传。研究小组以不同的形式进行了研究成果的宣传，研究小组把调查结果以国旗下的演讲、海报、倡议书等形式展示给全校学生。

第二，项目团队的同学在"2020年全国品质课程会"上进行了展示。宣传成果得到了参会教师的一致称赞。

2. 在购房时需要考虑哪些因素？

通过调查研究，在购房时除了要考虑得房率多少，还要考虑容积率，这决定着绿化环境的多少。同时在选择户型和楼层都有一定的说法，这是很专业的事情，涉及很多方面。学生目前不太适合此类研究，待他们长大之后可

以自主探索这个领域。

3.获奖情况

2020年4月13日此项目在郑州市中小学生研究性学习成果评比中荣获二等奖。

六、项目评价与反思

（一）项目评价

"房子怎么变小了"评价量规

项目	★	★★	★★★
小组合作	不能与同伴协作，对团队没有贡献	能与同伴协作，不善于表达对问题的看法，有一定的贡献	积极与同伴团结协作，能表达自己的观点，帮助小组共同解决问题
探究过程	能参与资料收集，有资料可查，不认真负责，需要别人提醒才能完成任务。采访时不积极主动。调查不全面，调查记录内容不清楚	注意收集有关资料，及时整理、归类、存放。采访相关人时比较主动。调查得比较认真，调查时记录不够完整	经常收集有关资料，及时整理、归类、存放。研究过程中，有很强的责任心。采访时非常主动，调查测量非常认真，并做好记录
成果推广	小组内交流推广研究成果。初步认识房子变小的具体原因	在校内推广研究性成果。让更多的人对有关房子面积的术语更加了解	走出校园，让更多的人了解关注我们的研究成果。并对相关部门发出倡议书，监督管理房子的问题

（二）项目反思

李子恒同学说：研究性活动真是太有意思了，这次"房子怎么变小了"研究活动，让我受益匪浅。妈妈说我变得有主见了，老师说我变得胆大，课堂发言积极了！

张浩茹同学说：在活动中我不仅提高了办事能力，还明白了许多道理。要想做好一件事，不仅要动脑子思考，还要通过实际操作和访问的形式，只有这样才能快速、全面地去解决疑难问题。

张浩义的爸爸说：孩子们通过研究性学习感悟到了学习的魅力，由此可以看出孩子们初步掌握了分析问题的方法，并具备一定的解决问题的能力。研究性学习培养了孩子对科研的兴趣及选择正确的研究方法。

郭家兴的妈妈说：从孩子参与的过程中，体现了孩子较强的收集资料、分析推理和综合总结的能力；孩子们成功完成了一篇思路完整的报告，而且以这种学习方式促成对数学学科的热爱；还学习了有关的经济学和建筑学知识，让数据更加有意义，学习更加有意义。

杨璞老师说：研究性学习是学生从生活中发现问题，并寻求解决方法，最终得出研究结论的活动。看似简单的活动，却是学生综合能力的全面体现。学生是这项活动的主导者，是整个活动的参与者。

茹娜娜老师说：在整个过程中他们磨炼了自己，培养了团结合作的意识，用发现问题的眼光去观察、去思考、去合作、去交流，增加了社会经验。在活动中感悟，在活动中增智，在活动中成长，我相信在今后的学习生活中，他们会更加优秀！

刘瑞云老师说：孩子们在本次活动中学到了很多课本上没有的知识，不仅扩张了自己的知识面，锻炼了自己跨学科学习的能力，还懂得了对所学知识要融会贯通、学以致用，形成了自己解决问题的方法和思路。

学校名称：文化路第三小学长安校区

小组成员：李子恒　宋柯莹　宋柯庆　张浩茹　张浩义　郭家兴

辅导教师：陈丽霞　杨　璞　刘瑞云　茹娜娜

香薰蜡片和水果蜡灯的制作

一、项目是怎么产生的

我们在商场、礼品店看到各式各样的香薰蜡烛，它们样式美观，还能营造温馨浪漫的气氛。学生们特别喜欢把漂亮的香薰蜡烛作为生日礼物送给他人。究其原因，他们说学习之余，闻闻这些香甜清新的味道，仿佛沉浸在浪漫而又温馨的花海之中，可以放松身心。他们在生物课上产生了制作香薰蜡烛的念头。他们纷纷表示想研究香薰蜡烛的历史、制作原理和制作方法。

二、项目是什么

他们利用已有的生活经验、相关知识和生活中的材料，亲手设计制作香薰蜡片和水果蜡灯。

三、项目做什么

（一）项目目标

（1）了解香薰蜡片和水果蜡灯的制作方法，并亲自动手制作。

（2）将作品分享给周围的人，推广创意。

（3）了解评价的基本要求，参与自评和互评。

（二）困难与挑战

（1）在实践操作中把握制作的精准度。

（2）设计有创意的香薰蜡烛、香薰蜡片或水果蜡灯。

（三）涉及学科知识

涉及学科知识思维导图，如图1所示。

图1 涉及学科知识思维导图

四、项目怎么做

（一）谁来做

对制作香薰蜡片和水果蜡灯感兴趣的同学们成立了研究小组。

（二）怎么做

1.查阅资料，准备工具

小组成员上网查阅了制作香薰蜡片的方法及需要的工具和材料。将所需材料准备齐全，准备动手制作。

2.小组合作，完成制作

在制作过程中，小组成员想到是否可以将蜡液倒入水果壳中，制作水果蜡灯呢？教师鼓励小组成员大胆试一试。小组成员首先使用橘子皮，发现蜡液倒入后是可以凝固的，于是他们又找来荔枝壳、山竹等水果壳，制作各式各样的蜡灯，如图 2 所示。

图 2　我们的操作展示

3.分享汇报，交流碰撞

课堂上，小组成员各自分享了他们的制作心得和收获。研究小组制作的水果蜡灯让其他组羡慕不已，其他组同学也分享了制作杯蜡、双色蜡和嵌入式蜡烛的方法，小组成员收获很大。

4.点评提升，评价颁奖

研究小组的创意得到了教师和同学的赞扬，在自评、互评、师评环节名列前茅。经过 PK，最终获得"最佳创意奖"。同时，其他小组提出了新的建议，水果壳挖空之后，烘干，会延长保存时间。

五、项目做得怎么样

（一）研究结论

1.制作过程与技法

通过这次活动，小组成员学会了基本的操作方法。他们观察到了蜂蜡和大豆蜡是如何溶解的，学会了用电子秤进行称量、加热时搅拌的方法，以及如何倒模和倒模的量。

2. 制作注意事项

制作过程中要注意把握加香的温度和时间，根据蜡呈现的形态判断加香薰干花装饰的时间。同时，注意制作时手不能直接接触加热炉。

3. 创意设计

小组成员制作了漂亮的香薰蜡片、香薰蜡环，还设计了独具特色的康乃馨蜡、贝壳蜡和杯蜡。

4. 双色香薰蜡环、嵌入式蜡片的制作方法

双色蜡耗时长一些，但是成品漂亮美观，待第一层蜡凝固之后，才能加入第二层蜡。嵌入式蜡是最需要技术的，经过不断摸索，师生发现，制作好两部分蜡之后，滴入滴蜡进行连接的方式非常可行。

（二）活动交流获奖情况

本次活动，研究小组在班级进行展示，获得最佳创意奖、精致美观奖和团结协作奖。

六、项目评价与反思

（一）项目评价

"香薰蜡片和水果蜡灯的制作"评价量规

项目	继续努力	良好	优
收集资料	制作香薰蜡烛的资料准备不齐全	制作香薰蜡烛的资料和制作工具准备齐全	制作香薰蜡烛的资料和制作工具准备齐全，且有新的创意
实践操作	无香薰，无法点燃。不够美观，小组投票票数最少	香薰蜡灯可点燃，制作规范，蜡片不太光滑圆润，有香味	香薰蜡灯可点燃，蜡片有香味。成品光滑圆润
创意设计	只能按照步骤完成，没有新创意的加入	能够设计并加入一种创意，并制作成功	能够设计并加入不少于两种创意，并制作成功
成果推广	未完成香薰蜡烛的制作或成品粗糙，无展示和推广	能制作出香薰蜡烛，有一定的设计水平，有展示，成品有一定的推广价值	美观漂亮，有设计感，汇报有条理，让人耳目一新

（二）项目反思

通过香薰蜡烛制作的一系列活动，教师、同学和家长都有了不同的收获和感悟。

张芸畅同学说：我之前只在商场见过香薰蜡烛，没想过自己也能制作出这么漂亮的香薰蜡烛和水果蜡灯，非常有成就感。在不断的实践中，我们的作品越来越精美，也加入了更多不同的创意。我们获得了"最精美作品奖"。

闫雪桐同学说：这是我们团队智慧和努力的结晶，我们和老师一起探讨，不断试验，通过查阅资料和动手实践，我们的成品越来越美观，我也渐渐掌握了方法。不仅如此，我还制作出了水果蜡和双层蜡，得到了老师和同学的认可，获得"最佳创意奖"。

霍雨薇同学说：非常开心能有这样的机会参与香薰蜡片的制作，妈妈也非常支持我，我们一起查阅了很多资料并进行记录。我的作品还获得了"最温暖作品奖"。制作好之后，我选取了最漂亮的香薰蜡烛，刻上妈妈的名字，在妈妈生日的那天送给她！

郭萌同学说：这次制作活动让我感到非常奇妙，现在我还会主动观察生活中的一些小物件，想一想自己是否可以通过相同的方法制作出来！通过分享，我获得了"最佳分享员"的称号。

苌思雨同学说：这次活动，让我对香薰蜡片的历史、制作原理有了更深的理解，原来商场中的香薰蜡烛是这样制作出来的！我们小组共同努力，合作完成，效率很高。

苌思雨的妈妈说：当孩子跟我说要制作香薰蜡片和水果蜡灯的时候，我非常支持。不管她能不能成功，都是一次不错的体验。她上网查阅了很多资料，小本子上记得满满的。我们点燃了香薰蜡烛，在温馨浪漫的气氛中，我发现孩子长大了。

王圆老师说：通过制作香薰蜡片和水果蜡灯，学生学会了生活中需要用到的称量、加热、溶解、倒模的基本操作。我们鼓励孩子们大胆加入自己的创意，对孩子们来说，这是非常不错的体验！

七、参考文献

[1] 子素. 香薰——打造精致生活 [J]. 青春期健康，2019（22）：80-83.

[2] 卓世伟. 自制香薰蜡烛 [J]. 阅读，2018（Z6）：34-35.

[3] 李佳. 杂志变身蜡烛台和小杯垫 [J]. 老同志之友，2015（21）：57.

[4] 谢靖. 香薰蜡烛"点燃"情趣 [J]. 质量天地，2002（5）：42.

[5] 长安. 经销工艺香薰蜡烛 [J]. 大众商务，2007（11）：37.

[6] 蜡烛音箱：给家里添更多浪漫 [J]. 现代商业，2009（25）：62.

学校名称：郑州市第七初级中学

小组成员：闫雪桐 司佳禾 张芸畅 郭 萌 苌思雨

辅导教师：王 珊 闫 凯 王 圆

体验地摊经济

一、项目是怎么产生的

地摊经济如雨后春笋般出现，孩子们也跃跃欲试，家长们也提出建议，可不可以通过教师一起来组织这样的体验。于是，这个项目就顺理成章地开始了。

二、项目是什么

学生想探讨如何更好地参与地摊经济中，并进行深刻的体验。

三、项目做什么

（一）项目目标

（1）通过参与选货、进货、搬运、地摊的铺设、货物销售，熟悉每一个环节，付出辛勤的汗水，提高动手能力，体会劳动乐趣，增强劳动意识。

（2）通过讲解和推销，培养学生的交际能力和解决实际问题的能力。

（3）通过交易理财活动，体会钱的概念和数量感，感受来之不易的美好生活，树立正确的金钱观和消费观。

（二）困难与挑战

（1）从选货到布置摊位。

（2）将物品卖出去。

（三）涉及学科知识

涉及学科知识思维导图，如图 1 所示。

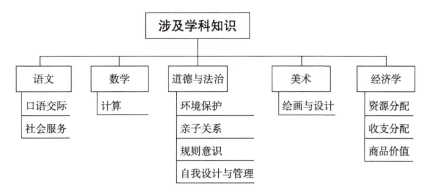

图 1　涉及学科知识思维导图

四、项目怎么做

（一）谁来做

有共同想法的同学组建了小组，教师和家长共同协助和指导。

（二）怎么做

1. 地摊的畅想

研究小组选择人流量大且在学校附近的体育场作为"地摊经济"活动的主要场所。选好主阵地，接下来就要选择要销售的物品了，有的同学选择玩具，有的同学选择手工艺品，还有的同学选择图书，也有的同学选择小零食。同学们选择的商品真是五花八门。确定了要销售的商品，接下来在家长、教师的帮助下借助海报、朋友圈、微信群等宣传活动和商品。

图 2　初摆地摊

2.地摊初体验

如图 2 所示，研究小组选好位置、摆放好货物，开始等待客人上门了，然而光顾的客人很少。第一次地摊体验结束，小组成员百倍的信心受到了打击，货物难销售，不敢走出摊位去推销，成为他们第一次体验的"绊脚石"。不过在活动中，他们已经开始尝试着大方地向顾客介绍。结合第一次的经验和体会，参考教师和家长的建议，修改了研究小组之前做出的商品销售计划。

3.地摊二战

经过上一次的历练，小组成员开始不断变换他们的销售策略，等不到消费者上门，就去周围推销。在此期间，教师和家长帮他们看摊、选择潜在客户并指导如何与不同的顾客进行交流。这天活动后，小组成员在微信群里分享了每个人的销售经验以供其他小组参考，同时也提出了困惑，希望大家一起想办法解决。

4.地摊攻坚战

这一次小组成员调整了货物和销售策略，重整旗鼓又出发。这一次他们不再纠结能卖出去多少商品，而是更在意活动中收获了什么，得到了什么。

5.我赚钱，我做主

随着业务的不断熟练，小组成员收获了许多。在最后一天晚上，小组成员加班核算了近几天的支出和收入，看看谁能成为"地摊大王"。之后又和家长商量规划这些来之不易的"血汗钱"的使用和支配权。

6.总结与反思

教师指导小组一起整理了本次活动的资料，并分析本次活动中的得与失。

五、项目做得怎么样

（一）研究成果

1.位置、商品选得好，赚钱肯定少不了

在这次活动中，研究小组初步选址在离学校较近的体育场东门，经观察后发现，体育场西门的客流量大，更容易将商品销售出去，所以他们最后确定把摊位设在西门。在商品的选择上，经过研究小组多次、多天的观察，发现体育场的游客多是以家庭为单位来休闲的，看准了小朋友的市场前景，就选择小零食、小玩具进行推销，同时由于天气炎热，矿泉水和饮料也比较畅销。

2.尝试多种销售方法，行走展示推销更给力

研究小组在活动中尝试了多种推销办法，微信朋友圈宣传、海报宣传、大声叫卖等，最后通过整合，使用"行走展示推销法"。小组成员结伴而行，拿着商品在广场上边走边展示，看准客户，通过展示讲解，得到顾客们的肯定，从而销售出商品。

3.要想沟通交流好，自信微笑大方少不了

虽然在销售过程中困难不断，但是研究小组在不停地交流中，在交流中寻找技巧，他们觉得与人沟通时微笑能留给别人美好的第一印象，自信大方的展示也会获得对方的好感，从而让顾客更容易接受介绍及对所售商品的认可。有许多市民因为是小学生来体验生活，更愿意买这些商品，让小组成员觉得生活的美好无处不在，可以更有勇气和信心展示自我、挑战自我、战胜自我。

（二）成果交流

研究小组在班级进行了此次项目体验的交流活动，同学们给予了掌声，并表示也要体验这个项目呢！

六、　项目评价与反思

（一）项目评价

"体验地摊经济"评价量规

项目	★	★★	★★★
小组合作	能按时主动到位参与活动	积极与组员进行合作，认真完成小组内分配的工作	能主动分享自己的心得和诀窍，提出的建议可实施性、可操作性强
活动规划	能简单制作小组的销售计划	能制作小组的销售计划，并依据活动情况调整计划	对活动有细致的计划和准备，能和小组成员协作完成各项活动，做好记录
地摊体验	能适应自己的每个角色，按时完成每天的"地摊小记"	能感受赚钱的不易，并能理解父母的工作，能在"地摊小记"中反思小组和自己的得失	能积极与同伴交流分享自己的收获，遇到问题能及时有效地调整策略，并将物品卖出去
活动汇报	积极主动倾听和分享活动体会，汇报内容比较简单	汇报内容有条理、有重点，表达流畅完整	能围绕关键问题进行汇报，能补充同小组同学发言，表达清晰流畅，展示形式吸引人

（二）项目反思

杜奕硕同学说：广场上人虽然很多，但没有人来看我们的图书，我有些不耐烦了。"'书籍是人类进步的阶梯'，大家来买书了"，我张嘴大叫着，可还是没有人看我一眼。看来要丰富销售产品。

张意涵同学说：我卖的东西有书、糖、玩具、茶叶，我把东西摆好，接着在摊旁守着。我等了半个钟头都不耐烦了，突然有人来了，他在我这儿买了一颗糖。哇，我挣了有史以来第一个一块钱，心里那叫一个美呀！

张木子同学说：做一个合格的老板，准备工作当然要做好，比如准备支付宝和微信二维码、一些大家喜欢的玩具、为玩具定一个合适的价格……我原本觉得摆地摊特别简单，没想到一个上午太阳把我晒得汗流浃背，才挣了八块钱。

李宸熠的家长说：孩子摆地摊的过程，也是接触社会、学习的过程。他在摆地摊的过程中，会接触形形色色的人，也会有许多故事，这些可都是从课本里面学不到的。

毕依然家长说：孩子通过摆地摊获得了回报，也懂得了劳动的不易。在活动中我看到孩子"颗粒无收"，一度有放弃的念头，又看到孩子一次次的尝试，一点点的进步，我们都明白了坚持的意义。

陈凤鸽老师说：在地摊经济体验活动中，学生收获颇多。从对地摊经济的畅想、制定销售计划书、选购产品、销售技巧到总结销售经验、合理安排收支等各方面，学生深切体会到了无论是体力劳动还是脑力劳动都是极其不容易的。

七、参考文献

[1] 张广辉.给予城市"地摊经济"生存的空间 [J].辽宁经济，2007（9）.

学校名称：郑州丽水外国语学校

小组成员：杜奕硕　张意涵　张木子　李宸熠　毕依然

辅导教师：李　兵　陈凤鸽

校园向日葵的栽培技术研究

一、项目是怎么产生的

学校处在城区，除了教学楼就是塑胶跑道，绿色植物很少。为了让师生生活在一个绿意盎然的环境中，大家商量种植植物，有人说种多肉，但它绿色不显眼；有人说种绿箩，但不如买的合算。最后，师生一致认为种向日葵比较合适，因为种植向日葵时间短，能在短短几个月看到成果，有花有叶，寓意也很好，它生机勃勃向上的精神放在我们身上最合适。

二、项目是什么

作为一名小学生，想为校园增添一抹绿色，所以想研究如何在校园有限的空间种植向日葵。

三、项目做什么

（一）项目目标

（1）了解向日葵栽培技术。收集向日葵栽培技术的相关资料，研究分析向日葵的种植、栽培方法。

（2）种植向日葵，并培育得到果实，培养劳动意识，体会劳动的不易与艰辛。

（二）困难与挑战

（1）学习向日葵的种植方法。

（2）种植向日葵。

（三）涉及学科知识

涉及学科知识思维导图，如图1所示。

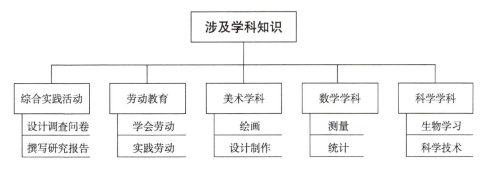

图1　涉及学科知识思维导图

四、项目怎么做

（一）谁来做

刘孟良、王圣堃、王建、马启文、张恒体五位同学组成了向日葵研究小组。

（二）怎么做

在教师和家长的引导下，研究小组有计划有步骤地实施了以下环节：

1. 收集资料

通过询问家长、网络收集、学校图书室查阅，研究小组收集了许多关于向日葵种植的资料。

2. 实地考察

通过实地考察，研究小组决定拟占用操场东侧、西侧的空地，大约共计55平方米。3月1日，学校同意了用地申请。小组成员兴奋极了，梦想在一点点实现。

3. 劳动实践

校园每棵大树的间隔正好分成小组用地，小组成员对他们自己的用地很是用心，翻地浇水都很积极。这里以前是施工用地，小组成员在翻土时发现土里有很多砖块，他们一有空就拿着小铁锹去翻土，为的是把砖块清理出来。

4. 挑选种子

如图2所示，研究小组对花鸟市场专业养护向日葵的人进行了采访，调查了解一些有关向日葵种子及种植的知识，如种子的大小、日照时间、土质等问题。

图2　两种向日葵的种子（种子要挑颗粒饱满、大小均匀的）

5. 种植向日葵

播种向日葵的时间要精准，俗话说"清明前后，种瓜种豆"，小组成员在这个时间段内播种。在种植向日葵时，小组成员发现向日葵种子种在土里的深浅是一个问题；种子种在坚硬的土里还是种在松软的土里发芽更快，这也是另一个困惑的问题。研究小组就这种情况专门做了研究记录。

6.对比实验

通过对比，研究小组发现向日葵不管在什么样的土质里都能发芽，但太阳光照时间的长短会对它有一定的影响，太阳光照时间长的向日葵种子发芽快些，光照时间短的向日葵种子需要一周以上的时间发芽。

7.倡议保护向日葵

向日葵长出来了，校园里低年级的同学看见嫩芽很好奇，他们会采摘、践踏。于是研究小组公开提议让他们爱护种植的向日葵。研究小组不仅制作了书面宣传资料，还对其他同学进行了口头宣传，如图3所示。

图3 我们自制的倡议口号

8.细心呵护

在种植过程中，研究小组在教师的指导下通过各种途径了解向日葵常见的病虫害防治方式，精心呵护，让它们苗壮成长。

五、项目做得怎么样

（一）研究结论

1.种植

经过查找收集资料，小组成员对向日葵的种植有了一定的了解，亲身经历向日葵的种植和成长的整个过程。6月份天气很热，小组成员发现，向日葵是非常需要水的，浇水不及时，两天就能枯死，于是总结出每天要早晚浇水两次。

2. 养护

有段时间，向日葵生长不好（太细、营养不良、过低等），小组成员通过去花卉市场调查、询问家长教师、上网查资料，制作了无公害肥料。比如，把蛋壳压碎后撒在发芽的地方；淘米水留着，用来浇地，既有水分还有营养；把玉米、花生、黄豆捣碎后用水泡出味道，撒进地里。

3. 成果交流活动

研究小组通过设计小报、制作向日葵养护绘本、经典向日葵诗文朗诵、讲述栽培过程中的小故事等不同方式展示活动成果。

（二）获奖情况

本项目获得金水区研究性学习成果一等奖、郑州市研究性学习成果二等奖。

六、项目评价与反思

（一）项目评价

"校园向日葵栽培技术的研究"评价量规

项目	一般	良好	优秀
小组分工	有较为清晰的分工，有交流和合作	小组分工细致明确，成员认真参与活动过程，成员之间有交流和合作	每一个小组成员都有特定的任务，小组成员互相交流，互相合作
种植培育	小组成员在种植过程中，能够全程陪伴向日葵成长	小组成员责任心较强，种植向日葵的过程积极主动，深度陪伴向日葵	培育向日葵的过程中共同努力，有很强的责任心，对待向日葵看护心强，圆满完成任务
经验推广	小组成员能够完整总结种植向日葵的相关经验，能够在班级内进行推广	小组成员能够结合过程，重点总结种植向日葵的相关经验和结论，表述较清晰，能够在年级层面进行推广	所有组员积极参与总结种植向日葵的经验汇报，能详细说明过程，表达能力强，能够在校内或校外进行推广

（二）项目反思

暑假，满园的向日葵静静地装点着学校，看护着校园的每一天。回顾几个月来的辛苦，小组成员个个心有感触。

刘孟良同学说：在种植过程中，我们发现，校园国旗台那边的向日葵长得不好，在大树下面的向日葵长得不粗壮，肥料用量的多少我们掌握得不够好。下一步我们要继续研究向日葵的生长环境和肥料用量。

王圣堃同学说：向日葵种子发芽率很高，种几棵出几棵，所以如果在刚种时我们注意观察，后期我们就不需要移苗。

王建同学说：一开始我们把空地翻成一条一条，把种子种在上面，向日葵长出来后没办法浇水。后期我们在向日葵根部旁边挖坑浇水，向日葵的根也不牢固，我们又用铁锹把根部填土加固。这是我们以后种植时要非常注意的。

马启文同学说：爷爷对我说，蛋壳可以制作肥料，果皮埋在土里也可以当肥料，营养价值高还环保，我们就号召班上同学把家里吃的鸡蛋壳收集起来，压碎后埋在向日葵根部。

张恒体的妈妈说：现在的社会越来越城市化，孩子离大自然越来越远，我觉得这个活动很好，让孩子们亲自实践，从种植到养护，他们付出很多，也收获很多。

杨丽君老师说：通过长达四个月的实践、研究、记录，我们发现种植向日葵也是不容易的，种植的深浅、种植的地点、肥料养护、向日葵的保护等都很有讲究。在这个过程中，师生得到了共同成长。

七、参考文献

[1] 崔良基 . 向日葵栽培生理与栽培技术 [M]. 北京：中国农业出版社，2013.

[2] 郑洪元，等 . 向日葵无公害栽培技术 [M]. 北京 : 农业教育音像出版社，2011.

学校名称 : 郑州市金水区农科路小学北校区

小组成员 : 刘孟良　王圣堃　王　建　马启文　张恒体

辅导教师 : 杨丽君　宋春露　李梦佳

石榴树"生病"的原因和防治办法

一、项目是怎么产生的

暑假结束了，学生又回到了熟悉的实践园。只见一串串晶莹透亮的葡萄沉甸甸地挂在藤蔓上，青绿色的山楂果挂满枝头，然而令学生和教师震惊的是，很多石榴果却掉落在地上了，即使没有掉落的果子也有不同程度的腐烂，好可惜呀！这石榴树到底怎么了，为什么会出现这样的情况？有什么好的办法能够预防石榴果腐烂吗？这一串的问题让师生不得其解，于是决定共同研究。

二、项目是什么

大家对石榴"生病"的现象疑惑不解，决定研究清楚石榴烂果的原因，寻找预防石榴出现烂果的办法。

三、项目做什么

（一）项目目标

（1）探究石榴树烂果的原因，并查找预防石榴烂果的方法。

（2）学习治理石榴烂果的方法。

（3）体验清园的实践活动。

（二）困难与挑战

（1）如何把查到的补救方法运用到石榴树的治理上，这些对学生来说比较困难。

（2）通过自己的努力来解决实践园中石榴树"生病"的问题，这是一个挑战。

（三）涉及学科知识

涉及学科知识思维导图，如图1所示。

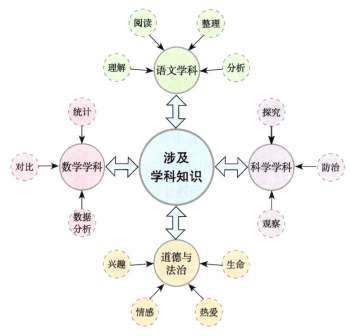

图1　涉及学科知识思维导图

四、项目怎么做

（一）谁来做

如图2所示，班上有五位同学特别喜欢探究植物的奥秘，在教师的带领下，他们以"探秘石榴树'生病'的原因和预防方法"为项目，成立"植物探秘小组"，并制订了小组公约：

(1)小组成员之间互相尊重。

(2)有不同意见时少数服从多数。

(3)每位成员要积极参与活动。

(4)积极完成组内分配的任务。

图 2　项目小组成员

（二）怎么做

研究小组依据项目目标制订了活动方案，准备通过网上收集资料，对实践园中的石榴树观察与分析；采访园艺工爷爷，找到实践园中石榴树出现坏果的原因和防治方法；在园艺工爷爷的指导下，对石榴树实施补救措施。

1.上网收集资料

研究小组上网查阅了大量资料，了解到石榴树出现烂果的主要原因，也知道了一些防治石榴树烂果的方法。

2.观察与分析

图 3　观察石榴烂果的原因

如图 3 所示，小组成员通过观察和讨论，对学校石榴树出现烂果的现象有了一定的认识。认为石榴坏果应该是遭遇了病虫害，从所观察到的石榴树的叶子和枝干都完好无损推测这种病虫害专门侵害果实，石榴果遇到了一种专门侵害果实的害虫。

3. 采访

为了深入了解石榴所害的病患，学校特地请来了实践园园艺工刘爷爷。他是一名资深的园艺专家，学生对他进行了实地采访，进一步了解石榴生虫的原因。

采访目的：了解石榴树烂果的原因及防治方法

采访对象：学校实践园园艺工刘爷爷

采访问题：石榴果为什么腐烂落在地上？

有没有防止石榴出现烂果的方法？

现在还有没有补救措施？

采访结果：通过采访刘爷爷，小组成员了解到实践园中的石榴树出现烂果的原因是它遭遇了一种叫钻心虫的害虫，又叫桃蛀螟，是石榴的主要害虫之一。这种虫害的出现，是由于没有在六七月份使用药物消灭钻心虫的幼虫而引起的。预防钻心虫可以趁钻心虫还未对果实造成伤害时，使用多菌灵对果树进行喷洒，还可以在石榴坐果后半个月对果实进行套袋。另外还可以进行彻底的果园清理，使钻心虫源无藏身之处。通过采访，小组成员还了解到，现在石榴烂果已经大量出现，再使用药物也没办法挽救树上已经开始腐烂的石榴了，只能等到冬季清理果园、消灭钻心虫虫卵，春季再喷洒农药，等待来年石榴结出健康的果实。

4. 实践与验证

此阶段是学生期待已久的亲身体验活动，围绕果树除虫，开展了专项拓展类的实践活动。

其中一项是给柿子树除虫活动。小组成员已经错过了为石榴除虫的最佳时机，但他们可以进一步了解园中其他果树的除虫办法，为果树除虫。

恰好园中柿子即将成熟，小组成员在了解了柿子树常见的柿角斑病和圆斑病后，认真检查了柿子树的叶片和果蒂，对柿子树是否感染这两种病菌进行了初步判断。接着，为了进一步防治柿蒂虫的侵害，在园艺工刘爷爷的指导下，师生共同尝试了亲自配药并为柿子树喷洒灭虫剂的实践体验活动。

5.中期反馈

小组成员一起讨论了前期活动情况，总结遇到的困难和收获。如何进一步实施保证来年石榴不再生虫，这是学生需要下一阶段解决和研究的问题。

6.清园活动

探秘植物小分队一起进行了冬季清园和春季清园活动，目的是把树上树下所有遭遇虫害的枝条、果实、杂草等清理出去，消灭虫源。

五、项目做得怎么样

（一）研究结论

1.石榴树怎么了

石榴树出现烂果落果的现象，主要原因是石榴树遭遇了虫害，是一种叫钻心虫的害虫。这种害虫学名叫桃蛀螟，是危害石榴果实的主要害虫。这种虫会藏在树皮、树叶堆里越冬，到第二年继续危害果树等植物。

2."生病"的石榴树怎么办

师生共同总结出以下措施：冬季清园、春季清园、套袋防护、春夏季喷洒农药。此次学校实践园中的石榴树遭遇了钻心虫害，因为钻心虫卵在很多植物体内存活越冬，为了清除隐患，小组成员在园艺工刘爷爷的带领下多次进行清园，把树上树下遭遇虫害的枝条、果实、杂草都清理干净。另外在6月进行农药喷洒，彻底消灭虫源。

3.石榴树需要喷洒哪些农药

师生共同认识了几种农药，有杀菌类的多菌灵、菌必消；有杀虫类的杀虫脒、甲胺磷、杀灭菊酯；还有除草类的草醚、杀草丹等。小组成员通过阅读分析这些农药的使用说明书，采访我校园艺工刘爷爷，知道了农药有毒性，使用需要小心，不能接触皮肤和身体的任何部位。另外农药需要一定的配比，不能直接喷洒；农药要选择植物对应的情况进行喷洒，在恰当的时间，使用正确的方法进行喷洒，以消灭虫源。在园艺工刘爷爷的帮助下，师生共同了解了实践园中其他果树的除虫方法，统计总结如下：

园中果树	常见病虫害	除虫剂
柿子	柿角斑病、圆斑病、柿蒂虫	波尔多液
山楂	舟形虫	灰幼虫脲悬剂
苹果	钻心虫	桃小净
葡萄	介壳虫、白腐病、黑痘病	多菌灵液
桃子	桃蚜虫、钻心虫	波尔多液

（二）成果交流

活动期间制作宣传手抄报、活动记录册、活动剪影展、观察日记等，小组同学还制作 PPT、录制采访视频在班级内汇报分享。

（三）获奖情况

本研究项目荣获金水区第七届"能力生根"暨研究性学习成果一等奖；植物探秘小组荣获优秀小组奖。

六、项目评价与反思

（一）项目评价

"石榴树'生病'的原因和防治办法"评价量规

项目	合格	良好	优秀
调查过程	能使用一种方法收集与主题相关的资料	能利用网络、采访等两种以上方法收集与主题相关的资料	能利用网络、采访等两种以上方法收集与主题相关的资料，并对资料进行整理分析、总结调查结果

续表

项目	合格	良好	优秀
清园实践	参与清除杂草、树皮、遭遇虫害的枝条、果实等体验活动	积极参与每一次清除杂草、树皮、遭遇虫害的枝条、果实等实践活动	在体验清园过程中，能运用收集的资料和所学方法解决问题
成果推广	能以 PPT 的形式进行汇报，汇报内容较为完整，每位成员都有收获	小组成员积极参与，采用 PPT 的形式进行汇报，汇报内容较为丰富，体现出小组的智慧，语言表达清晰	小组成员分工明确，能够根据个人特长整合分工。汇报形式多样，可以通过 PPT、视频等方式进行全面展示，汇报内容新颖、有亮点，吸引人

（二）项目反思

通过此次研究活动师生共同找到了石榴树"生病"的原因，学会了防治虫害的方法，但遗憾的是，今年的石榴果已经坏掉了，唯一能做的就是进行认真清园，春季、夏季对石榴树进行病虫害的防治，科学管理果树，以待明年秋天石榴的丰收。

郭钊洋同学说：在活动中我们也遇到了一些问题：我们的知识面不够宽，虽然采访前查阅了大量的资料，但采访时，园艺工刘爷爷讲的内容，还有些不太明白，也没有及时把不理解的词汇记录完整。以后要多阅读，丰富自己的文化知识，多发现生活中的问题，积极探索解决问题。

王楷端的妈妈说：项目化学习带给孩子的收获很多，孩子在活动中真实的感受就是坚持，就是胜利。刚开始收集资料时，孩子还不太会使用电脑的搜索引擎，甚至找不到切换中英文的方法，在多次尝试后还是失败。和小组同学交流后又重拾信心，他们一起请教了学校信息技术教师，学会了搜索资料的办法。孩子回到家特别高兴，和我们分享了他们的成功。在这次探究活动中，孩子和同学的交往更加和谐，也学会了表达自己的见解，同学之间也更加团结了。

周靖老师说：我校实践园里种植了 30 多种植物。植物探秘小分队遇到问题，主动探究，积极实践；他们认识了不同的害虫，了解石榴树"生病"的原因和防治方法；小组成员从园艺工刘爷爷那儿学习石榴树的管理方法，亲身体验清园等实践；还通过阅读杀菌药物的说明书，挑选了适合消灭钻心虫的药物，真正做到了学以致用。

七、参考文献

[1] 王艳 . 石榴钻心虫的综合防治 [J]. 农药市场信息，2004（20）.

[2] 戴铁生 . 农药浸棉塞果嘴　巧治石榴钻心虫 [J]. 农家科技，2008（8）.

[3] 宋志强 . 新法防治石榴钻心虫 [J]. 湖北植保，2002（3）.

学校名称：金水区黄河路第一小学

小组成员：郭钊洋　王楷端　王佳辉　孙浩栋　刘明慧

辅导教师：杨关群　邱晓丹　周　靖

让孩子们持续地发展和成长

　　卢梭是 18 世纪法国杰出的启蒙思想家、教育家。他提出"儿童即课程""自然即课程""知识即课程""社会即课程"的课程理论，并在《爱弥儿》中精辟地指出："你要记住的是，不能由你告诉他应该学习什么东西，要由他自己说希望学什么东西和研究什么东西；而你呢，则设法使他了解那些东西，巧妙地使他产生学习的愿望，向他提供满足他的愿望的办法。"这些理论与思想，至今也有指导意义。它们不仅是当前教育倡导的理念，在研究性学习、项目式学习中同样得到应用，引发学生的学习兴趣、指导学生通过多种方法获得新的知识、技能或结论。指导者不是直接告诉对方答案，而是提供平台或空间，让学生自发去探究、自主去发现，应用已有经验去解决问题，并形成新的经验、新的感悟、新的成长。

　　卢梭的学生杜威提出：教育即生活、教育即成长、教育即经验的改造，再次阐述与延续了学生的成长离不开生活、社会、学校、大自然这一理论，并强调了教育是经验的再次内化与成长。项目研究的价值在于学生的兴趣来自真实的情景，并能够用已有的知识、技能、学科素养去解决新的问题，并形成新的经验，实现高阶思维的发展。

　　"鲜花保鲜手段的研究"项目，学生结合化学学科知识，设计实验方案并进行对比实验，得出比较科学的结论，并将成果进行推广，改造生活，实现了学科知识的价值、实践研究的价值，让学生的学习变得更有价值和意义。

"经历小鸡孵化　见证生命奇迹"这一项目，让学生在孵化、养育小鸡的过程中，不仅应用了所学知识，还通过使用观察、记录等研究方法，体会生命的成长乃至失去生命的伤心。学生对生命的感悟在活动中逐渐得到深化，从而更加懂得珍惜生命、珍惜时光，对自己的人生使命有了新的定位。

　　"房子怎么变小了"来自小学生眼中的世界，与生活密切联系。学生在教师引导下能够采访专业人士，了解到专业的知识，并从经济学、空间学的角度进行探究，开阔了学生视野，将数学知识学以致用，并解决问题，实现了学习与生活真正地融合起来。

　　"香薰蜡片和水果蜡灯的制作"是初中学生将化学知识学以致用开展的实践项目，研究内容涉及美术、数学等学科，实现了跨学科学习，也激发了学生的创新思维和创造力，实现了学习为生活服务、学习创造美好生活的目的，同时增强了学生的成就感与自豪感。

　　"体验地摊经济"是三年级孩子探究的项目，学生经历了丰富的活动体验，购买物品、计算价格、考察地点、摆地摊、卖货品、计算当天盈亏、再次规划活动等，这些让学生的规划能力、交往能力、解决问题能力、反思能力等都得到了提高，丰富了学生多元的情感世界。

　　"校园向日葵的栽培技术研究"这一项目不仅是研究活动还是与劳动教育的融合。学生在翻土、播种、培植等活动中得到的不单是劳动体验，还进行了问题研究、探索"为什么要这样"。这样的项目是真实的、有深度的，学生的发展是全面的。这才是有价值的项目研究活动。

　　"石榴树生病的原因和防治办法"产生于学生的发现与探究，看似是劳动教育主题探究，但实质上此项目大多活动设计基于研究，学生不仅学到了劳动知识与技能，还明白了"之所以然"的道理，学校教育就要为学生提供更为广阔的平台，让他们去体验、探究、获得。

　　被誉为"项目教学法先生"的克伯屈认为，一个项目必须满足以下条件：第一，拥有明确而有力的目的；第二，目的一以贯之，渗透且主宰着活动的每一个过程和步骤，使活动具有整体性；第三，活动过程始终洋溢着热情、激情与赤诚；第四，活动处于社会环境之中。从以上的项目活动中，我们能够感受到孩子们热诚的心，有明确的目标，制订可行方案，有计划、有预期地走向社会进行探索，主动当实践者、评价者、组织者、协调者、反思者等。因此，这些项目很有价值，对孩子们未来的成长与发展具有深远的意义。

郑州市文化路第一小学校长　侯清珺

后　记

研究性学习的生存

研究性学习自 2001 年作为综合实践活动课程的一个领域或者一种学习方式，被倡导、推广，已有二十年的发展历程。它作为一门课程也好，一种学习方式或方法也罢，都积淀了一定的经验和影响力，得到了教育同人的认可和推广。金水区从 2013 年开展每年一届的研究性学习活动，今年（2021 年）已经是第八届了，活动依然在持续，与项目学习并行发展，两者互促互进，互为叠加发展。研究性学习目前在小学、初中和高中阶段的各个学科中依然被倡导，它的存在确实进一步改变了学生的学习方式，符合国家课程改革的方向和内涵，促进了课程、课堂及评价的深度变革。

展望研究性学习的未来，它或许会被项目化学习冲淡，但是它的独特价值和容易操作的特性，使它比较容易普及。首先，每个学科都可以开展，时间也灵活，对学生能力发展提高有明显效果，不会马上消失，会越来越被开发与实施。新教师或者初次尝试的学校可以从学科研究性学习入手，以改变教师"教"的方式和学生"学"的方式，目标容易实现，也能看到成效。其次，研究性学习更容易普及，因为不涉及学习资源的使用和购买，其实它更多体现在克伯屈提出的审美体验项目、问题性项目、知识技能项目中，也是最基础的项目学习类型，成果可以是一份报告、一项学习思考研究、一种深刻的感受。

项目化学习的困境

研究性学习的理论基础、实践步骤是基于杜威的教育理念和"反思辩五步活动步骤",项目学习是杜威的学生克伯屈延续与完善他的教育理念而产生的,因此,二者之间互为联系,又具有各自的特点。但作为一种课程方式和学习方式,都体现出教育的本质与内涵,"教育即课程""教育即生长""教育即经验""自然即教育"。

展望项目化学习的未来,如果将克伯屈所指的项目类型中"项目1"以创建创造产品为最终成果的研究活动为主进行全面地普及,它有一定的难度,需要一定的时间和历程。目前能实现项目学习的学校,都以小班化教学或者社团形式进行。当然,要在理念学习、实施步骤探索、评价尝试与不断完善与实践,教师需要一定的时间和经验摸索。因此,教师的胜任力非常重要。此外,学校校长对人力物力的支持也是关键因素。

项目化学习的创物造物的过程和思考,能更有效地提高学生的创新能力、高阶思维发展能力。因涉及众多因素,比如这个过程需要一定的时间才能完成,一个项目涉及的专业问题需要专业人士指导,学生需要准备或者学校需要提供一定的材料等,这些直接影响实施过程的顺利度和深度,不如研究性学习那么易行有效。但项目化学习却是最有深度的学习方式,能够帮助学生建立"一个世界",值得尝试与推广。

总之,两者都具有深度变革课堂教学、课程育人、实践育人、合作育人的价值,它们彼此叠加、相辅相成,是最有效的学习方式和课程形态。它们打破了单一学科的壁垒,打破了学校校园的围墙,打破了个体单一学习的局限,实现了学科融合,提高了学生解决问题的能力,培养了学生关键品格,发展了学生的综合能力,为培养新时代的创造型复合型人才奠定了基础。

要处理好几个关系

第一,学习过程与结果的关系。注重实践过程,兼顾研究结果。过程决定结果,只有注重每一步的实践是扎实的、严谨的、不急于求成的,方能获得好的结果。

第二，教师的"教"和"导"的关系。"教"是必要的，比如新的知识或者专业性的知识；"导"是指导、引导、启发，而不是"教"或者直接告诉学生答案、怎么做。

第三，个体与团队的关系。探究与合作的过程中一定有个体的分工，哪个程序可以分工，哪些需要团队完成，是需要建立在可行、有效的基础上，而非任何环节都建立在团队合作上，造成人力参与的无效、无用。

感谢团队的力量

首先，感谢具有悠久历史、教育卓越、引领前沿的金水教育这块肥沃的土地，让我站在"巨人的肩膀上"，开阔视野，拥有信念；感谢金水区教育发展研究中心段立群主任的悉心培养和指导，让我励志做一位从业务上引领好教师、从精神上服务好学校、从个人发展上追求精湛，勇于继承与创新，做一位优雅、文气、知性、智慧的合格教研员，并努力从"合格"走向"优秀"；是教育发展研究中心这个平台乃至它具有的不可言喻的文化熏陶着我、影响着我、激励着我；感谢我们的学校，在教育改革的路上，不折不挠，为了每一位学生的发展在课程、课堂、评价等方面践行改革，聚集体智慧的结晶，摸索出项目化学习的经验。

最后，特别感谢张华教授的厚爱，亲自指导我区综合实践活动课程并提出建议，并在百忙中为本书写序，深表感激！

观 澜

2021 年 8 月